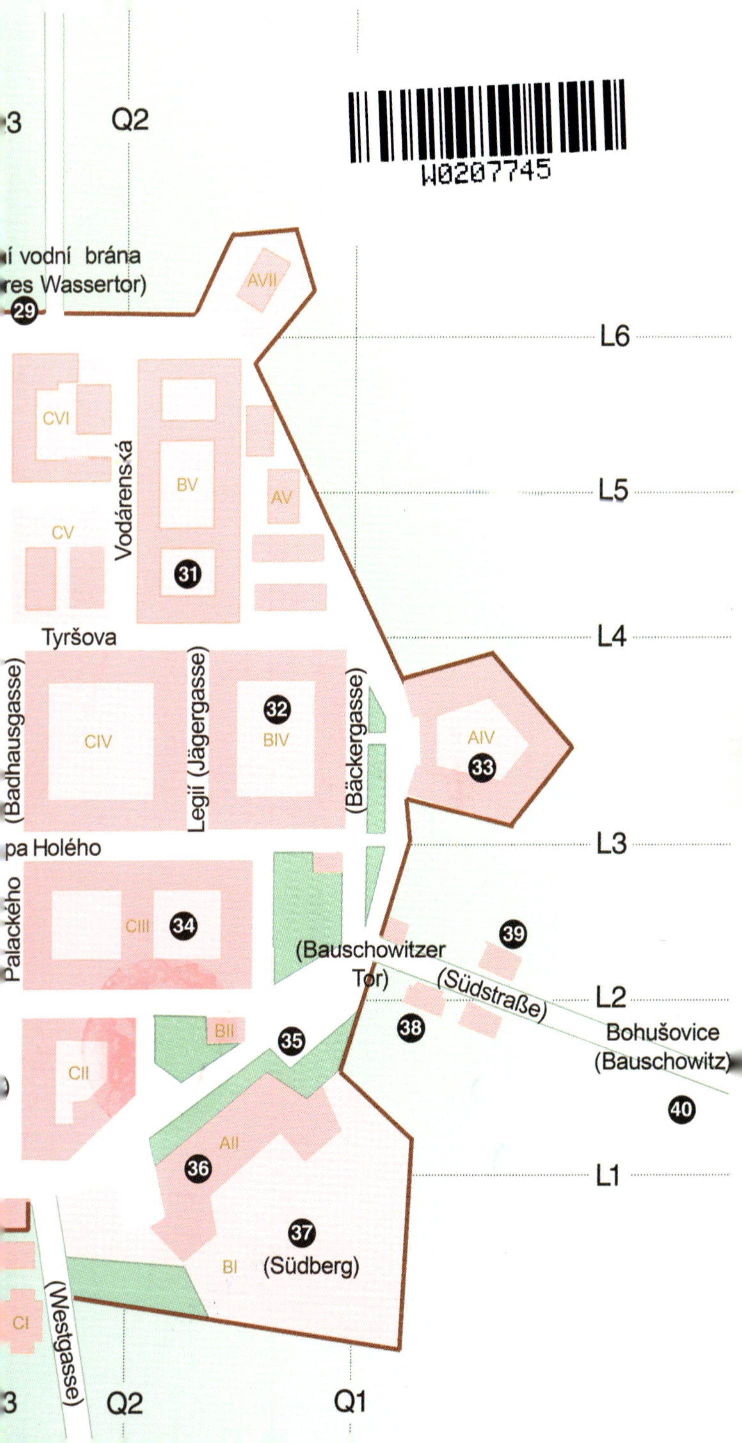
W0207745
3
Q2
í vodní brána
res Wassertor)
29
AVII
L6
CVI
BV
AV
L5
CV
Vodárenská
31
L4
Tyršova
(Badhausgasse)
Legií (Jägergasse)
(Bäckergasse)
CIV
32
BIV
AIV
33
L3
pa Holého
Palackého
CIII
34
(Bauschowitzer
Tor)
39
(Südstraße)
L2
38
BII
35
Bohušovice
(Bauschowitz)
CII
40
AII
36
L1
37
BI
(Südberg)
CI
(Westgasse)
3
Q2
Q1

Bibliografische Information der Deutschen Bibliothek
Die Deutsche Bibliothek verzeichnet diese Publikation in der Deutschen Nationalbibliografie; detaillierte bibliografische Daten sind im Internet über http://dnb.ddb.de abrufbar.

Stand 30. Juni 2005

3. erweiterte und verbesserte Ausgabe
Übersetzung aus dem Hebräischen: Dan Weinstein
Druck und Bindung: Finidr, Český Těšín

ISBN 3-89919-089-0
ISBN 80-7253-173-5

www.vitalis-verlag.com

Theresienstadt

Ein Wegweiser

von Jehuda Huppert
und Hana Drori

Vitalis

Editorische Notiz

Die vorliegende dritte Auflage des Werkes wurde inhaltlich erheblich erweitert und stilistisch überarbeitet. Das Zahlen- und Datenmaterial ist überprüft und dem aktuellen Wissensstand angepaßt. Zentrales Anliegen dieses Buches ist es jedoch, durch authentische Augenzeugenberichte das Alltagsleben im Ghetto Theresienstadt nachvollziehbar zu machen, insbesondere die Situation der Kinder, so wie die Autoren sie selbst erlebt haben.

Inhalt

Vorwort

Für uns, die wir die Nazihölle nicht physisch miterlebten, bleibt es für immer ein unlösbares Rätsel, wie es den aus dem Inferno Kommenden damals und bis heute gelungen ist, ein vollkommen normales Leben zu gestalten. Doch in einer Beziehung unterscheiden sich die meisten der Überlebenden von uns anderen: Je weiter wir uns von der Zeit des Grauens und des Schreckens entfernen, um so intensiver sind sie an der dokumentarischen Erfassung der damaligen Wirklichkeit interessiert. Was geschah und wie es geschah, das muß den künftigen Generationen erhalten bleiben. Das sind nicht schmerzerfüllte Nekrologe, sondern trockene Tatsachenberichte, die auf lokale Einzelheiten eingehen, um den Ablauf der Dämonisierung der Juden durch die Nationalsozialisten und ihrer Helfer aufzuzeigen und soweit wie möglich die Bedingungen des Lebens und des Sterbens im Ghetto zu veranschaulichen. Terezín – Theresienstadt ist nur eines der zahlreichen, von der SS errichteten Lager, aber es ist ein Musterbeispiel für die Irreführung der Welt durch NS-Deutschland. Die dort herrschenden, relativ günstigen Umstände waren für die inhaftierten Juden nur eine Übergangssituation aus der Freiheit in die Gaskammern von Auschwitz. Aber Vitalität und Lebenswillen ermöglichten es, auch hier, im Vorraum der Hölle, Kultur und Erziehung zu pflegen und so in der Erniedrigung, im Schatten des Galgens, den Juden etwas von menschlicher Würde zu bewahren.

Der *Wegweiser* vermittelt dem Besucher des Ghettos Theresienstadt in knapper Form eine Vorstellung vom Alltag in diesem KZ. Er bemüht sich, den Leser und den Besucher des Museums und der unterschiedlichen Stätten im Ghetto soweit wie möglich in die Wirklichkeit der damaligen Zeit zu versetzen. Wenn das gelungen ist, dann hat dieses Büchlein seine Aufgabe erfüllt.

Die Verfasser des *Wegweisers* kamen nach Israel im ersten Jahre seiner Existenz als souveräner Staat. Hier schlossen sie sich dem Kibbuz Hahotrim an. Hana Drori ist zur Zeit für die kulturellen Tätigkeiten im Kibbuz zuständig. Dr. Jehuda Huppert unterrichtete am Lehrerseminar „Oranim“ und war bis zu seinem Tod im Jahr 2001 auch sonst vielseitig aktiv. Als ehemalige Häftlinge im Ghetto Theresienstadt und Überlebende von Auschwitz beteiligten sich beide intensiv an der Dokumentation des Holocaust.

Zeev Utitz, Kibbuz Hahotrim

Zeittafel

Kaiser Joseph II.

10. Oktober 1780
Kaiser Joseph II. legt den Grundstein für die Festung Theresienstadt.

9. Dezember 1782
Mit dem kaiserlichen Siedlungspatent wird der Bau von Häusern für zivile Zwecke gestattet.

1888
Aufhebung des Festungsstatuts. Obwohl Theresienstadt seine strategische Bedeutung verloren hat, bleibt es eine Garnisonsstadt, in der etwa 3.000 Soldaten stationiert sind. Die sogenannte Kleine Festung wird als Hochsicherheitsgefängnis für militärische und politische Gefangene genutzt.

Theresienstadt um 1900

29. September 1938
Auf internationalen Druck hin muß die Tschechoslowakei dem Münchner Abkommen zustimmen, ohne an den Verhandlungen beteiligt gewesen zu sein. Als Ergebnis werden die deutschbesiedelten Randgebiete Böhmens und Mährens an das Deutsche Reich abgetreten.

Theresienstadt vor dem Zweiten Weltkrieg

15. März 1939
Die sogenannte „Rest-Tschechei", auf deren Gebiet auch Theresienstadt liegt, wird besetzt und als „Protektorat Böhmen und Mähren" vom Deutschen Reich unter Leitung eines Reichsprotektors verwaltet.

Reinhard Heydrich

1. September 1939
Beginn des Zweiten Weltkrieges.

10. Juni 1940
Die Kleine Festung von Theresienstadt wird zum Polizeigefängnis der Prager Gestapo.

31. Juli 1941
Reichsmarschall Hermann Göring beauftragt Reinhard Heydrich, den stellvertretenden Reichsprotektor Böhmens und Mährens, mit der „Endlösung der Judenfrage". Zu diesem Zweck wird ein Sammellager nahe Prags geplant.

Ab September 1941 müssen Juden im Protektorat einen Judenstern tragen

3. September 1941
In Auschwitz finden erste „Probevergasungen" mit dem Giftstoff Zyklon B statt. Die meisten Transporte aus dem Ghetto Theresienstadt werden später dieses Vernichtungslager als Ziel haben.

10. Oktober 1941
In einer von Reinhard Heydrich einberufenen Sitzung, bei der auch Adolf Eichmann zugegen ist, wird die Errichtung des Ghettos Theresienstadt beschlossen.

November 1941
SS-Obersturmführer Dr. Siegfried Seidl wird zum Lagerkommandanten in Theresienstadt ernannt.

24. November 1941
In Theresienstadt kommt der erste Transport mit 342 Häftlingen, das Arbeitskommando AK I, an und beginnt mit dem Umbau der ehemaligen Kasernen.

November 1941
Die Vorsitzenden der Prager jüdischen Kultusgemeinde werden mit der Ausarbeitung der Selbstverwaltung des Ghettos beauftragt. Jakob Edelstein, vormals Leiter des Palästinaamtes in Prag, wird zum Vorsitzenden des Ältestenrates von Theresienstadt ernannt.

4. Dezember 1941
Gemeinsam mit 1.000 Gefangenen treffen in dem zweiten Ar-

Der Weg von der Bahnstation Bauschowitz nach Theresienstadt

beitstransport AK II auch die Mitglieder der jüdischen Selbstverwaltung in Theresienstadt ein.

Dezember 1941
Beginn der Deportationen der Juden aus dem Protektorat Böhmen und Mähren ins Ghetto Theresienstadt.

9. Januar 1942
Der erste Transport aus Theresienstadt in ein Vernichtungslager verläßt das Ghetto. Der Zug „Transport 0" fährt nach Riga.

20. Januar 1942
In Berlin wird auf der Wannseekonferenz die „Endlösung der Judenfrage", also ihre Vernichtung beschlossen. Theresienstadt soll dabei die Rolle eines Durchgangs- und Sammellagers für Juden aus dem Protektorat sowie für alte und „privilegierte" Juden aus dem Reich zukommen.

16. Februar 1942
Reinhard Heydrich erläßt den Befehl, daß alle 3142 nicht-jüdischen Bewohner Theresienstadt bis zum 30. Juni verlassen müssen.

März 1942
Die Kommandantur wirkt der Überfüllung der Stadt entgegen, indem sie erste Transporte in Vernichtungslager (Lublin-Majdanek, Sobibor u.a.) veranlaßt.

10. Juni 1942
30 Arbeiter aus dem Ghetto erhalten den Auftrag, in Lidice ein Massengrab für die Männer auszuheben, die als Vergeltung für das Attentat auf Heydrich erschossen wurden.

6. Juli 1942
Nachdem die nicht-jüdischen Bewohner Theresienstadt verlassen haben, wird die ganze Stadt zum Ghettobezirk.

24. August 1942
Häftlinge beginnen mit der Verlängerung der Eisenbahngleise von Bauschowitz nach Theresienstadt. Die Bauarbeiten enden im Mai 1943.

September 1942
Die seit Juni eintreffenden Deportationszüge aus dem Reich

Theresienstädter Ghetto-Geld

bringen vorwiegend alte Menschen nach Theresienstadt. Im September erreicht die Einwohnerzahl im Ghetto mit 58.497 Häftlingen ihren Höhepunkt. Die Versorgung der Häftlinge ist so katastrophal, daß in diesem Monat 3.941 Todesfälle zu beklagen sind.

3. Oktober 1942
Durch die Einweisung deutscher und österreichischer Juden hat sich die Bevölkerungsstruktur des zunächst vorwiegend von tschechischen Juden bewohnten Ghettos verändert. Die deutschen Behörden ordnen daher an, daß die Hälfte der Plätze im Theresienstädter Ältestenrat mit Juden aus dem Reich zu besetzen ist.

26. Oktober 1942
Der erste Transport nach Auschwitz verläßt das Ghetto, alle weiteren Deportationen haben dasselbe Ziel. Insgesamt wurden mehr als 44.000 Häftlinge von Theresienstadt nach Auschwitz gebracht.

31. Januar 1943
Dr. Paul Eppstein aus Berlin wird zum Vorsitzenden des Ältestenrates von Theresienstadt ernannt. Der bisherige Vorsitzende Jakob Edelstein ist von nun an sein Stellvertreter.

Februar 1943
Die Niederlage der 6. Armee bei Stalingrad markiert die Wende im Verlauf des Krieges.

12. Mai 1943
Im Ghetto eröffnet die Bank der jüdischen Selbstverwaltung. Die Insassen erhalten von nun an für ihre Arbeit „Lagergeld".

1. Juni 1943
Über das neue Gleis kommt der erste Deportationszug direkt nach Theresienstadt.

11. Juni 1943
Himmler befiehlt die Liquidierung sämtlicher Lager im Osten.

3. Juli 1943
SS-Obersturmführer Anton Burger wird zum Lagerkommandanten von Theresienstadt ernannt.

24. August 1943
In Theresienstadt kommt ein Transport mit 1.260 Kindern aus dem liquidierten Ghetto Bialystock an. Am 5. Oktober werden sie nach Auschwitz deportiert.

6. September 1943
5.007 Häftlinge aus Theresienstadt werden nach Auschwitz

deportiert. Sie werden dort gemeinsam in einem eigenen Bereich, dem sogenannten „Theresienstädter Familienlager" untergebracht. Die meisten Häftlinge dieses Lagers werden später in den Gaskammern ermordet.

November 1943
Der erste Judenälteste Jakob Edelstein wird mit Frau und Sohn verhaftet und mit dem nächsten Transport nach Auschwitz verschickt. Dort wird er am 20. Juni 1944 erschossen.

Dezember 1943
Weitere 5.007 Häftlinge werden nach Auschwitz ins Familienlager deportiert.

8. Februar 1944
SS-Obersturmführer Karl Rahm wird neuer Lagerkommandant.

April–Mai 1944
In Vorbereitung auf den Besuch einer Abordnung des Internationalen Roten Kreuzes findet im Ghetto die „Verschönerungsaktion" statt.

Mai 1944
Unmittelbar vor dem Eintreffen der Delegation des Internationalen Roten Kreuzes in Theresienstadt wird die Deportation von 7.503 Juden aus dem Ghetto, vorwiegend Kranke, Alte und Waisen, angeordnet.

23. Juni 1944
Delegierte des Internationalen Roten Kreuzes halten sich etwa sechs Stunden lang in Theresienstadt auf und kommen zu einem positiven Urteil.

August– September 1944
Der Propagandafilm *Theresienstadt. Ein Dokumentarfilm aus dem jüdischen Siedlungsgebiet* wird im Theresienstädter Ghetto gedreht. Der Film ist bis heute unter dem zynischen Titel *Der Führer schenkt den Juden eine Stadt* bekannt.

Theresienstädter Straßenszene in einem NS-Propagandastreifen

Briefmarke aus Theresienstadt

September–Oktober 1944
In einer Serie von elf Transporten werden bis zum 28. Oktober 1944 über 18.000 Personen nach Auschwitz deportiert. Im Ghetto verbleiben etwa 11.000 Häftlinge.

27. September 1944
Dr. Paul Eppstein, der Vorsitzende des Ältestenrates, wird hingerichtet. An seiner Stelle wird Benjamin Murmelstein zum Judenältesten ernannt.

11. November 1944
Die Kommandantur befiehlt die Beseitigung der Urnen mit der Asche der toten Ghettoinsassen. Die Häftlinge müssen die Asche in die Eger streuen.

Ende November 1944
Die Vergasungen in Auschwitz werden eingestellt und die Gaskammern abgebaut.

Februar 1945
Der Bau einer Gaskammer in Theresienstadt wird begonnen.

5. März 1945
Nach einem Besuch von Adolf Eichmann wird wiederum eine „Verschönerungsaktion" des Ghettos angeordnet.

6. April 1945
Erneut besichtigt ein Beauftragter des Internationalen Roten Kreuzes Theresienstadt. Er bleibt bis Kriegsende.

20. April 1945
Der erste Evakuierungstransport mit 2.000 Häftlingen aus aufgelösten Konzentrationslagern erreicht Theresienstadt. Innerhalb von zwei Wochen kommen über 13.000 Häftlinge an. Im Lager verbreitet sich eine Typhusepidemie.

3. Mai 1945
Das Rote Kreuz nimmt das Ghetto und die Kleine Festung unter seinen Schutz.

5. Mai 1945
Die letzten SS-Männer verlassen Theresienstadt.

8. Mai 1945
Ende des Zweiten Weltkrieges. Panzer der Roten Armee werden von den Ghettoinsassen jubelnd empfangen.

10. Mai 1945
Die Rote Armee übernimmt die Leitung des Ghettos und erläßt Maßnahmen zur Bekämpfung des Typhus. Eine zweiwöchige Quarantäne wird über das Lager verhängt.

28. Mai 1945
Die ehemaligen Häftlinge dürfen in ihre Heimat zurückkehren.

Die letzten verlassen Theresienstadt am 17. August.

1945
Eine Garnison des tschechischen Militärs wird in Theresienstadt stationiert. In der Kleinen Festung werden bis 1948 Tausende Deutsche unter schwersten Bedingungen eingekerkert.

Frühjahr 1946
Man beginnt die Neubesiedelung der Stadt mit Zivilbevölkerung.

1947
Eine Gedenkstätte an das Ghetto Theresienstadt wird eingerichtet.

1989
Die Samtene Revolution ermöglicht eine Neubewertung der Vergangenheit: Das Ghetto-Museum wird eröffnet.

1992
Theresienstadt wird zum Nationalen Mahnmal erklärt.

1996
Die Garnsion wird aufgelöst; in Folge ziehen 3.000 Einwohner fort. Viele Gebäude stehen leer.

2.–8. August 2002
Hochwasser verursacht schwere Schäden an den Denkmälern Theresienstadts.

Straßen- und Häusernamen im Ghetto

Theresienstadt ist keine gewachsene, sondern eine am Reißbrett entstandene Stadt. Die rechtwinklig angelegten Straßenzüge unterteilen das Gebiet wie ein Schachbrett. Ab Juli 1942, als der ganze Ort zum Ghetto wurde, trugen diese Straßen keine Namen, sondern nur Buchstaben- und Zahlenkürzel: L 1 bis L 6 stand für die sechs Längsstraßen in Nord-Süd-Richtung, Q 1 bis Q 9 für die Querstraßen. In jedem Straßenzug waren die Häuser durchnumeriert. Dadurch leiteten sich die Häuserbezeichnungen ab: L 417 ist in der Straße L 4 das Haus Nr. 17. Darüber hinaus waren die einzelnen Wohnblöcke von Süden nach Norden mit den Buchstaben A bis J und von Westen nach Osten mit römischen Ziffern (und ggf. a und b) versehen. Erst im Zuge der „Verschönerungsaktion“ wurden die deutschen Namen wie „Seestraße“ und „Berggasse“ eingeführt. Nach Kriegsende benannte man die Straßen in tschechischer Sprache neu.

Erhaltene Aufschrift auf Block G IV

Erster Teil
Das Leben im Ghetto

I. Theresienstadt – Terezín

Theresienstadt, ungefähr sechzig Kilometer nördlich von Prag, nahe am Zusammenfluß von Eger und Elbe gelegen, diente während des Zweiten Weltkriegs als Zwangsghetto. Die hier Inhaftierten waren vor allem Juden, doch auch politische Gefangene zählten zu den Insassen. Aus Theresienstadt wurden Zehntausende Richtung Osten in die Vernichtungslager transportiert – vornehmlich nach Auschwitz-Birkenau.

Die Geschichte der Stadt

Im Jahre 1780 wurde unter Kaiser Joseph II. der Grundstein zu einer Festung gelegt, die das Eindringen der Preußen in den zentralböhmischen Raum und Prag verhindern sollte. Der Kaiser benannte die Festung nach seiner Mutter Maria

Die Gedenktafel erinnert an die Grundsteinlegung von Theresienstadt am 10.10.1780 durch Joseph II., sie befindet sich nahe der Sudetenkaserne

Theresia. Zehn Jahre dauerte der Bau dieser geschützten Stadt sowie der sogenannten Kleinen Festung, die als Vorpostenstellung dienen sollte. Obwohl alles nach den modernsten Regeln der damaligen Befestigungskunst erbaut worden war, verlor Theresienstadt bald seine strategische Bedeutung. In der Folgezeit wurde die Kleine Festung in ein Militärgefängnis umgewandelt. So hielt man hier seit Anfang des 19. Jahrhunderts politische Gefangene aus der gesamten Donaumonarchie fest, deren bekanntester jener Gavrilo Princip war, welcher 1914 mit dem Attentat auf den österreichischen Thronfolger Erzherzog Franz Ferdinand in Sarajewo den Ersten Weltkrieg auslöste.

Die Befestigung umfaßt 67 Hektar Land und besteht aus der Hauptfestung, der Kleinen Festung jenseits der Eger sowie dem dazwischenliegenden Gelände. Dem Bau mußten zwei Dörfer weichen: Trávčice und Deutsch Kopist. Das Fort besitzt ein unterirdisches Tunnelnetz und ein System aus Wassergräben. In Friedenszeiten waren hier 5.600 Soldaten stationiert. Bis Ende des 19. Jh. bewohnten vorwiegend Deutsche die Stadt.

Die Geschichte des Ghettos

Nach der Zerschlagung der Tschechoslowakei durch NS-Deutschland im Jahre 1939 blieb die Kleine Festung zunächst ein Gefängnis für politische Häftlinge, Ende November 1941 begann die Umwandlung der Festungsstadt in ein Lager für Juden. Am 24. November erreichte die erste Gruppe von 342 jüdischen Häftlingen, das sogenannte „Aufbaukommando AK I", den Bahnhof von Bauschowitz und marschierte von dort in das drei Kilometer entfernte Theresienstadt. Diesen Weg sollten noch viele Menschen gehen, ehe die Eisenbahnschienen direkt ins Ghetto hinein gelegt wurden, auf denen dann im Sommer 1943 der erste Zug rollte. Das Aufbaukommando wurde in der Sudetenkaserne einquartiert und hatte die Aufgabe, Wohnstätten zur Aufnahme weiterer Personen vorzubereiten. Mitte 1942 war die Umwandlung Theresienstadts in ein großes Konzentrationslager beendet. Die ursprünglich 7.000 Seelen zählende tschechische Bevölkerung der Stadt wurde zwangsumgesiedelt, und an ihre Stelle kamen jüdische Häftlinge aus Böhmen und Mähren, aus Deutschland, Österreich, Dänemark, den Niederlanden, Ungarn und der Slowakei.

Das Lager Theresienstadt war nicht als Vernichtungslager geplant wie etwa Auschwitz-Birkenau, sondern als ein Durchgangs- und Sammellager für Juden aus dem Protektorat Böhmen und Mähren sowie für einzelne alte und „privilegierte" Juden aus dem Reichsgebiet. Es war von Beginn an als „Vorzeigelager" vorgesehen und unterstand als einziges KZ nicht dem SS-Wirtschafts- und Verwaltungshauptamt, sondern dem direkten Befehl Adolf Eichmanns.

Die Selbstverwaltung

Während Konzentrationslager wie Gefängnisse geführt wurden, erhielten die Zwangsghettos im Nationalsozialismus Selbstverwaltungen, die jedoch nur sehr begrenzte Entscheidungsgewalt hatten und dafür garantieren mußten, daß innerhalb des Ghettos die Kommandanturbefehle ausgeführt wurden.

„Nach Osten“ war der im Ghetto gebräuchliche Ausdruck für die Deportation in ein Vernichtungslager.

Es gab die Ressorts Technik, Finanzen, Gesundheit und Sozialfürsorge, Wirtschaft und Verwaltung, später wurden Jugendfürsorge und Arbeitsorganisation zu eigenen Abteilungen.

Durch die verstärkt eintreffenden Transporte aus dem Reichsgebiet hatte sich die Zusammensetzung des zunächst vorwiegend von tschechischen Juden bewohnten Ghettos verändert.

Auf Anweisung der deutschen Behörden wurde von der Leitung der Prager Kultusgemeinde für das Ghetto Theresienstadt eine jüdische Selbstverwaltung errichtet. Die führenden Männer dieser Selbstverwaltung waren bestrebt, Theresienstadt in ein produktives Arbeitslager zu verwandeln, um so die Einwohner vor weiteren Verfolgungen und insbesondere vor der Deportation nach Auschwitz zu schützen. Doch bereits am 9. Januar 1942 fuhr der erste Zug „nach Osten“ in die Vernichtungslager ab – insgesamt 63 Transporte sollten es in den nächsten Jahren werden. Damit konnte die Ghettoleitung nicht mehr tun, als das Leid und Elend der Häftlinge soweit wie möglich zu lindern.

Die Spitze der Selbstverwaltung bildete das Amt des „Judenältesten“. Ihm zur Seite stand der zwölfköpfige Ältestenrat, dessen Mitglieder die verschiedenen Ressorts der Selbstverwaltung leiteten. Im Ältestenrat selbst waren zunächst alle politisch maßgeblichen Strömungen des jüdischen Lebens im Protektorat Böhmen und Mähren vertreten, darunter tschechische Juden, Zionisten und Kommunisten. Im Oktober 1942 jedoch wurde die Hälfte des Ältestenrates ausgewechselt und mit Vertretern aus Deutschland und Österreich besetzt.

Im Einklang mit der nationalsozialistischen Gesellschaftsauffassung war die jüdische Selbstverwaltung streng hierarchisch organisiert. Nur dem Judenältesten und seinem Stellvertreter war es erlaubt, sich im Namen der Ghettobevölkerung an die Kommandantur zu wenden. Er war es zudem, der die Urteile des Ghettogerichts unterschrieb und dem die jüdische Ghettopolizei unterstand. Zuletzt bestimmte der Judenälteste auch die Richtlinien der Verwaltung des Lagers, allerdings nur innerhalb der Grenzen, die ihm von den deutschen Behörden gesetzt wurden.

Jakob Edelstein war der erste Judenälteste. Er bekleidete dieses Amt bis Januar 1943. Was ihn auszeichnete, waren seine Lebensklugheit und Führungsqualitäten, die mit einem tiefen Verantwortungsgefühl für das Schicksal der Juden im Protektorat einhergingen. Im Januar 1943 wurde er abgesetzt, nach Auschwitz geschickt und dort zusammen mit seiner Familie ermordet. Ari Tarsi alias Harry Tressler, selbst ein Mitglied des Ältestenrates, erinnert sich:

Der erste „Judenälteste" Jakob Edelstein

„Jakob Edelstein bekam den Auftrag, eine Gruppe von 24 Juden auszuwählen, die ihm bei der Leitung des Ghettos behilflich sein sollte. Hier wurden zum ersten Mal die Bemühungen der Deutschen offenbar, zwischen der Führung und der übrigen Bevölkerung eine Trennungslinie zu errichten. Wir reisten in einem Personenzug, und die anderen Juden kamen in Lastzügen unter Polizeibewachung.

Nach der Ankunft in Theresienstadt begannen Beratungen über die Verwirklichung der schon vorher ausgearbeiteten Pläne, die schon in Prag unter der Leitung von Ingenieur Otto Zucker erstellt worden waren. Es gab auch genaue Vorstellungen über den Aufbau der Ghettoleitung. Sie sollte wie eine Regierung arbeiten, mit einer Wirtschaftsabteilung, einer Finanzbehörde, einem Erziehungsamt, einer Gesundheitsbehörde u.s.w. In einem Modell wurde die hierarchische Organisation des Ghettos entworfen.

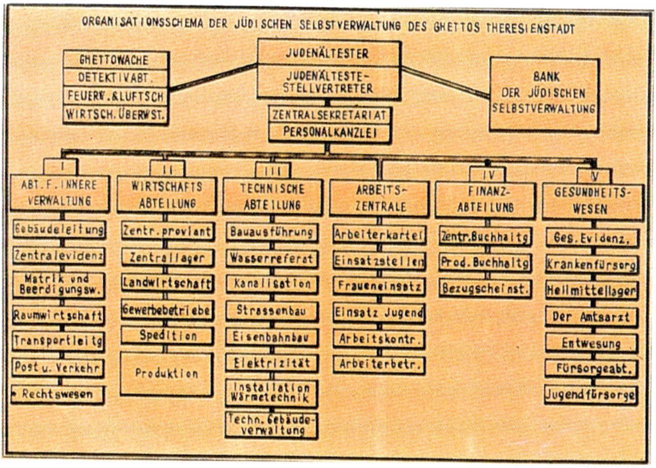

Organisationsplan der Jüdischen Selbstverwaltung

Der Zionismus ist eine jüdische Nationalbewegung, die eine Besiedelung Palästinas und die Gründung eines eigenen jüdischen Staates auf diesem Gebiet als Ziel verfolgte.

Der Zutritt zu den Gebäuden der Ghettoleitung war verboten; nur Vorgeladene und die hier Beschäftigten durften sie betreten.

Zwei unterschiedliche Ideologien waren unter den Mitgliedern der Ghettoleitung zu finden: die tschechischen Juden mosaischen Glaubens und die Zionisten. Die ersteren standen zu Jakob Edelstein in Opposition. Ihr Widerstand betraf hauptsächlich die Organisation und Erziehung der Jugend, welche meist zionistisch orientiert war. ...

Sehr bald kamen die Befehle der Deutschen zur Aufstellung von Namenslisten für die Transporte ‚nach Osten'. Es kam zu Diskussionen, zu sich immer wiederholenden Auseinandersetzungen, zu Fragen, die niemals gelöst werden konnten. Sollte man die Listen zusammenstellen, oder sollte man ihre Aufstellung verweigern und alles den Deutschen überlassen? Jakob Edelstein war der Ansicht, daß die Aufstellung der Listen bei der Ghettoleitung bleiben müsse, denn so gab es vielleicht die Möglichkeit, etwas zu retten. Er wollte die Jugend soweit wie möglich im Ghetto festhalten, als Gruppe für einen Neubeginn. Doch immer wieder begannen die Diskussionen von neuem ... Aber am Ende war es doch wieder die Ghettoleitung, welche die Listen aufstellte, denn wir wußten nicht, was sonst geschehen würde. Wir wußten nur, daß die Deutschen unterschiedslos alle verschicken würden. Am Ende blieben allerdings alle diese Bemühungen sinnlos, denn schließlich wurden fast alle verschickt."

In den sogenannten „Tagesbefehlen" gab die Selbstverwaltung die Befehle der Kommandantur den Insassen des Ghettos bekannt. Die Namenslisten für die Deportationen waren ein Teil dieser Tagesbefehle.

Jakob Edelstein sagte zu seinen engeren Mitarbeitern: „Wenn es uns gelingt, wenigstens die Jungen bis zum Alter von 35 Jahren zu retten, dann bleibt dem jüdischen Volk eine biologische Grundlage für die Zukunft." Deshalb bemühte er sich auch, die jungen Leute in „produktive" Beschäftigungen einzuteilen, wie z.B. Bauarbeit und Landwirtschaft, welche ihnen vielleicht später die Eingliederung im Lande Israel erleichtern könnten.

Dr. Paul Eppstein

Da Kinder, die das dreizehnte Lebensjahr überschritten hatten, nicht mehr bei ihren Eltern wohnen durften, schenkte die Ghettoverwaltung ihrer Betreuung und Erziehung besondere Aufmerksamkeit. Die Abteilung für Jugenderziehung unterstand einem Mitglied der zionistischen Bewegung, Egon Redlich. Das wichtigste Projekt dieser Abteilung war die Errichtung von Kinder- und Jugendheimen.

Jakob Edelsteins Nachfolger wurde Dr. Paul Eppstein, zuvor Vorsitzender der „Landesvereinigung der Juden Deutschlands". Dr. Paul Eppstein wurde die „Ehre" zuteil, bei der „Verschönerungsaktion" mitzuwirken (u.a. beim Empfang des Internationalen Roten Kreuz-Komitees). Auch ihn hat man im September 1944 verhaftet und in der Kleinen Festung ermordet. Der letzte Judenälteste war der Rabbi Dr. Benjamin Murmelstein.

Dr. Benjamin Murmelstein

Die „Verschönerungsaktion" im Ghetto

Um die kursierenden Gerüchte über den „Völkermord im Osten" zu entkräften, beschlossen die deutschen Behörden im Jahre 1943, der Welt am Beispiel von Theresienstadt die „wahren Verhältnisse" zu zeigen. Damit begann die sogenannte „Verschönerungsaktion". Tausende mußten dafür arbeiten, um das düstere Aussehen des Ghettos zu verbessern. Um die Enge im Lager zu beheben, wurden vor allem Alte, Kranke und Waisen in Vernichtungslager deportiert. Etwa 15.000 Juden aus dem Ghetto wurden nach Auschwitz in das sogenannte Familienlager gebracht. Nach diesen Vorbereitungen gingen sieben Monate lang keine weiteren Transporte ab.

Zwischen September 1943 und Mai 1944 wurden Häftlinge aus Theresienstadt nach Auschwitz-Birkenau deportiert, allerdings nicht in das eigentliche KZ, sondern in ein gesondertes Lager, das wie ein Ghetto geführt wurde. Es sollte ggf. als Vorzeigelager dienen. „Familienlager" wurde es genannt, weil Männer und Frauen nicht separiert wurden, sondern man sich im Ghetto frei bewegen konnte. Von Beginn an war beschlossen, daß alle Insassen nach einer bestimmten Zeit getötet werden sollten.

Alfred Kantor: Straßenschrubben vor dem Besuch des Roten Kreuzes

Szene aus dem Propagandafilm „Theresienstadt – Ein Dokumentarfilm aus dem jüdischen Siedlungsgebiet"

Im Ghetto sanierte man die Fassaden der Wohnhäuser, der Hauptplatz wurde in eine Parkanlage mit Ruhebänken nebst Musikpavillon umgewandelt, ein mustergültig eingerichtetes Kinderheim wurde aufgebaut, „Ghettogeld" gedruckt, Geschäfte eröffnet sowie musikalische und kulturelle Abende veranstaltet.

Am 23. Juni 1944 erschien im Ghetto Theresienstadt schließlich eine Abordnung des Internationalen Roten Kreuzes. Das Ghetto wurde der Delegation als eine arbeitsame und zufriedene jüdische Siedlung mit Selbstverwaltung vorgestellt. Unter dem Arbeitstitel *Theresienstadt – Ein Dokumentarfilm aus dem jüdischen Siedlungsgebiet* entstand in dieser Zeit ein Propagandafilm über das „gute Leben" im Ghetto; der zynische Titel *Der Führer schenkt den Juden eine Stadt* hat sich bis heute für den noch in Teilen vorhandenen Film erhalten.

Der Filmdreh zwischen dem 16. August und dem 11. September 1944 wurde von der SS angeordnet, aber bis auf die Kameraleute waren alle Beteiligten, vom Regisseur Kurt Gerron bis zu den Bühnenbildnern und „Darstellern", Ghettohäftlinge. Nachdem die Filmarbeiten beendet waren, wurden die meisten Mitwirkenden nach Auschwitz deportiert.

Das Ende und die Liquidation des Ghettos: September 1944–Mai 1945

Nach dem Besuch des Internationalen Roten Kreuzes am 23. Juni 1944 gab es für die Nationalsozialisten keinen Grund zum weiteren

Erhalt eines „Musterghettos". Ende September begann wieder eine Reihe großer Transporte aus Theresienstadt abzufahren. Etwa 18.000 Häftlinge wurden nach Auschwitz verschickt, im Ghetto verblieben lediglich um die 11.000. Die Organisation und Pflege des Ghettos wurde immer schwieriger, da nach der Inspektion vor allem arbeitsfähige Männer deportiert worden waren. Um den Mangel an Arbeitern auszugleichen, erging an die zurückgebliebenen Ghettoinsassen der Befehl zu einer siebzigstündigen Arbeitswoche ohne Ruhetag. Um in den letzten Kriegstagen die bisherigen Geschehnisse zu verschleiern, begannen die Deutschen mit der Vernichtung von Dokumenten. Die Asche der Verstorbenen mußte in die Eger geschüttet werden, und die Häftlinge wurden angewiesen, in ihrem Besitz befindliche Zeichnungen zur Prüfung vorzulegen, ob sie nicht „Greuelpropaganda" enthielten.

Am 5. Februar 1945 ging ein Transport mit 1.200 Häftlingen in die Schweiz. Und wieder wurde ein Besuch des Internationalen Roten Kreuzes für eine diesmal nicht ganz so aufwendige „Verschönerungsaktion" zum Anlaß genommen. Am 6. April 1945 fand diese Visite tatsächlich statt, in deren Folge neun Tage später die dänischen Häftlinge befreit werden und über Schweden in ihre Heimat zurückkehren konnten.

Wenig später, ab dem 20. April 1945, begannen in Theresienstadt Transporte aus evakuierten Konzentrationslagern einzutreffen. Die Ankunft dieser Häftlinge verursachte einen tiefen Schock bei den Ghettoinsassen: 15.000 Gefangene aus Konzentrationslagern und von Todesmärschen, die meisten in einem furchtbaren Zustand, ausgehungert, krank und verzweifelt, füllten die rasch errichteten Quarantänen in der Dresdner und Hamburger Kaserne. Tausende erkrankten an Typhus. Am 5. Mai 1945 verließ die SS das Ghetto. Unter dem Vorsitz von Rabbi Leo Baeck und unter der Führung des Internationalen Roten Kreuzes übernahm eine neue Leitung das Ghetto.

Rabbi Dr. Leo Baeck

Da ausländische Häftlinge stärker in der Aufmerksamkeit der internationalen Öffentlichkeit standen, wurden sie im Ghetto etwas besser behandelt. Häftlinge aus Dänemark sowie einzelne andere Insassen wurden auf Initiative des Roten Kreuzes gegen Ende des Krieges aus dem Ghetto freigelassen.

Ein Gesandter des Internationalen Roten Kreuzes, Paul Dunant, erklärte sich bereit, bis Kriegsende im Ghetto zu bleiben. Nach Abzug der SS übernahm er für kurze Zeit die Verantwortung für das Lager.

Ab Mai 1945 durften die Häftlinge das Ghetto verlassen, die letzten kehrten im August in ihre Heimat zurück, viele wanderten aus. Damit war die Zeit Theresienstadts als NS-Zwangsghetto beendet.

II. Ernährung und Hunger

In den Kasernen des Ghettos gab es eine grosse Anzahl von „regulären" Küchen, denen die Verteilung des Essens an die Bewohner der jeweiligen Kaserne und der angrenzenden Häuserblöcke oblag. Zudem bestand eine eigene Küche, die für alle Kinder im Ghetto kochte, und zwar ein wenig besser als die regulären Küchen. Je nach Anzahl der Häftlinge wurde dem Ghetto von den deutschen Behörden eine gewisse Menge an Nahrungsmitteln zugeteilt, und es blieb dem Ältestenrat überlassen, sich über die Verteilung den Kopf zu zerbrechen. Nach langen Diskussionen wurde beschlossen, auf Kosten der übrigen Bevölkerung die Rationen der Kinder und Jugendlichen etwas zu vergrößern, damit diese vielleicht bessere Überlebenschancen hätten. Doch auch die verbesserte Ration war immer noch dürftig:

Im Mai 1942 beschloß die jüdische Selbstverwaltung, daß unterschiedliche Lebensmittelrationen ausgegeben werden. Am meisten erhielten Schwerarbeiter, normal Arbeitende und Kinder bekamen weniger. Am schlechtesten waren Nichtarbeitende gestellt, das betraf vor allem Alte und Kranke. Dadurch verringerten sich deren Überlebenschancen weiter.

Brot wurde zweimal in der Woche verteilt, an Kinder und Jugendliche jeweils ein dreiviertel Laib (ein Laib=1kg). Alle zehn Tage gab es

Jiří Schubert: Suche nach Speiseresten

Zucker (ein Säckchen von 100 g, ca. 2 Teelöffel am Tag), ein Stückchen Margarine und manchmal auch einen Löffel voll Aufstrich.

Obst und Gemüse hingegen fehlten, ebenso Milchprodukte. Fleisch (im allgemeinen Pferdefleisch) wurde selten und in kleinsten Mengen, nicht mehr als 25g pro Person, verteilt.

Morgens wurde sogenannter „Kaffee" ausgeschenkt, ein Getränk aus gebrannten Gerstenkörnern, ohne Milch und Zucker. Mittags gab es eine wäßrige Suppe, in der sich ein paar Linsen oder Kartoffeln, häufiger jedoch nur Schalen fanden. Abends wurde drei- bis viermal wöchentlich der gleiche Kaffee wie morgens ausgeschenkt, und an den anderen Tagen gab es die gleiche Suppe wie mittags.

Der Hunger war immer präsent, er gehörte unabänderlich zum Lageralltag. Dennoch geschah es manchmal, daß der Koch für seine Günstlinge die Kelle tiefer in den Suppentopf tauchte und mit reicherem Inhalt als üblich zum Vorschein brachte. Die unvermeidliche Folge war, daß die Zuteilung der anderen noch magerer ausfiel. Besonders erschütternd war der Anblick der alten Leute, die geduldig das Ende der Essensausgabe abwarteten und sich

K. Fleischmann: Beim Kartoffelschälen

dann auf die leeren Töpfe stürzten, um die Reste auszukratzen.

Jeder tat, was er konnte, um den Hunger zu stillen. Manche schlangen ihre ganze Ration sofort herunter, um wenigstens ein paar Minuten lang das Gefühl eines vollen Magens zu haben. Andere teilten das Essen in kleine Portionen ein, um jedes Mal, wenn der Hunger

F. Bloch: Essensausgabe

sie allzu sehr plagte, einen Bissen zu haben. Für Feiern und Geburtstage sparte und hortete man Brot, Zucker, Margarine, und wenn der Festtag kam, bereitete man eine Mahlzeit vor, die im Theresienstädter Jargon „Fresserei" hieß. Wer Post „von draußen" erhielt, hatte es ein wenig besser, doch konnte man nur alle paar Monate ein Päckchen bekommen, dessen Gewicht zudem begrenzt war. Unter solchen Bedingungen waren Nahrungsmittel die gängigste Münze im täglichen Tauschhandel.

Essen war das Hauptgesprächsthema. Man erzählte in allen Einzelheiten, welch reichhaltige Mahlzeiten die Mutter zu Hause gekocht hatte, und Frauen tauschten Rezepte aus, mit denen sie natürlich nichts anfangen konnten. Man träumte vom Essen, von einem ganzen Laib Brot nur für sich allein, von dem man essen konnte, wann und wieviel man wollte, von einem Apfel, in den man schon seit Jahren nicht gebissen hatte, von einem Geburtstagskuchen mit Schlagsahne, vom Ende des Krieges, von der Fahrt nach Hause, von Freiheit ohne Hunger als der Verwirklichung aller Hoffnungen.

Ein Speisezettel mit dem Datum 3.–9. Mai 1943 ist erhalten geblieben, aus dem man sowohl die Qualität als auch die „Vielfalt" der Ernährung im Ghetto ersehen kann.

Montag:	mi. Linsenextraktsuppe, Kartoffeln mit Tunke, ab. Kaffee
Dienstag:	mi. Linsenextraktsuppe, Dorsch mit Kartoffeln, ab. Pellkartoffeln
Mittwoch:	mi. Linsenextraktsuppe, Gulasch und Kartoffeln, ab. Kartoffelsuppe
Donnerstag:	mi. Linsenextraktsuppe, Graupen, ab. Kaffee
Freitag:	mi. Linsenextraktsuppe, Nudeln mit 10 g Zucker
Samstag:	mi. Linsenextraktsuppe, Graupen, ab. Kartoffelsuppe
Sonntag:	mi. Linsenextraktsuppe, Kartoffeln mit Tunke, ab. Kaffee

aus: H.G. Adler: Theresienstadt 1941–1945

III. Krankheit und Alter

Der tägliche Überlebenskampf fand seinen Ausdruck nicht zuletzt in den Bemühungen um die Gesundheit der Häftlinge. Die Leitung des Ghettos schuf daher eine besondere Abteilung, das „Gesundheitswesen“, dessen Hauptaufgabe in der Abwendung ansteckender Krankheiten lag.

Krankheiten waren im Ghetto sehr verbreitet, und die Genesung ging, wenn überhaupt, meist nur sehr langsam vonstatten. In der ersten Zeit herrschte überdies großer Mangel an Medikamenten, an Geräten und Personal, aber trotz der ungeheuren Schwierigkeiten verzweifelten die Ärzte und die Krankenschwestern nicht in ihrem Kampf gegen Krankheit und Tod. Sie rangen um das Leben jedes Patienten, trotz der wenigen ihnen zur Verfügung stehenden Mittel. Die trockenen Zahlen und Statistiken geben nur ein blasses Bild von dem Leid und Elend im Ghetto: Von 1941 bis 1945 starben in Theresienstadt an die 35.000 Häftlinge, das ist ungefähr ein Viertel der Einwohner.

Die Einwohner des Ghettos wurden unentwegt zur Reinlichkeit angehalten, besonders zum gründlichen Händewaschen nach dem Gang zur Toilette und vor dem Essen. Aber trotz aller Maßnahmen brach im ersten Winter unter den Kindern eine Bauchtyphus-Epidemie aus, die viele das Leben kostete. Eine damals Sechzehnjährige erzählt davon:

> „Das Leben im Heim verlief einige Zeit ungestört. Aber Ende Januar 1943 geschah etwas Schlimmes. Eine Typhusepidemie war im Ghetto ausgebrochen, hauptsächlich unter den Kindern in den Heimen. Auch unser Haus war schwer getroffen. Unter den ersten Fällen waren zwei meiner guten Kameradinnen, Dáša und Jana. Sie sahen sich als Freundinnen auf Leben und Tod. Öfters sagten sie, daß keine Macht der Welt imstande wäre, sie zu trennen, bis zum Grab wollten sie zusammenbleiben. Jetzt waren

beide krank, und sie fühlten sich sehr schlecht. Am ersten Februar überführte man sie ins Krankenhaus, am fünften Februar erfuhren wir, daß beide am vorigen Tag verschieden waren. Ihr Wunsch, bis zum Tode beisammenzubleiben, ging in Erfüllung, leider viel früher als erwartet."

Besonders hart war das Leben im Ghetto für die alten, oft genug schwerkranken Menschen. Sie waren überdies zumeist allein, was ihre Situation noch schwieriger gestaltete. Zwar hatten die NS-Behörden den Alten eine Art Sanatorium im Ghetto versprochen und ihnen dafür beträchtliche Summen abgenommen, doch tatsächlich blieben die Betagten weitgehend sich selbst überlassen.

Die Alten, von denen zahlreiche aus Deutschland und Österreich stammten, erhielten anfangs ihre Plätze in allen möglichen Ecken, in Kammern und Lagerhäusern. Später, mit den immer zahlreicheren Transporten, wurden sie auf den Dachböden der Kasernen untergebracht, und hier „lebten" sie – ohne Schutz vor Hitze und Kälte, ohne sanitäre Einrichtungen.

Während aus dem Protektoratsgebiet auch Familien nach Theresienstadt eingeliefert wurden, kamen aus dem Reichsgebiet ausgewählte Einzelpersonen, vorwiegend alte oder prominente Juden. Die Haft im Vorzeigeghetto Theresienstadt galt als „Privileg". Daher waren unter den Alten mehr Deutsche und Österreicher, Jugendliche und Kinder stammten hingegen vorwiegend aus tschechischen Familien.

Leo Haas: Die Alten und die Kranken

Sie lagen auf steinernen Fußböden und zuweilen in ihren Exkrementen, denn sie waren zu erschöpft, um auf die Toiletten in den unteren Stockwerken zu gelangen.

Mit dem Ziel, das Leid der Kranken und Alten im Ghetto zu lindern, nicht zuletzt aber auch im Rahmen der Erziehung zu Solidarität und Nächstenliebe, organisierten die Kinder- und Jugendheime ein Hilfswerk mit dem Namen „Die Helfende Hand". Dabei nahmen die beteiligten Kinder manches auf sich: Schlangestehen bei der Essensausgabe, Einsammeln von Suppenresten in den Kinderheimen und Küchen, Wäschewaschen und Saubermachen in den Behausungen, Näh- und Strickarbeiten, kleinere Reparaturen oder Verschönerungen in den Wohnstätten u.s.w. Außerdem brachten die Kinder Geburtstagsglückwünsche und bescheidene Geschenke, veranstalteten Gesellschaftsspiele, Vorlesungen und Gesangsabende. Dies alles taten sie freiwillig, in ihrer Freizeit.

Zunächst waren die Alten mißtrauisch, mitunter verweigerten sie den Jungen und Mädchen sogar den Zutritt, denn sie fanden es nicht selbstverständlich, daß hier jemand wirklich bereit war, ihnen zu helfen. Doch nach einiger Zeit gewannen sie Vertrauen und zeigten sich dankbar für die ihnen geleistete Hilfe. L. Lisbová berichtet von einer solchen Begegnung zwischen jung und alt:

> „Das Mädchen aus Prag brachte dem alten Juden aus Deutschland, einem ehemaligen Kollegen ihres Vaters, ein wenig Suppe und viel Fröhlichkeit. Der Sohn des Alten war schon ‚nach Osten' verschickt worden, und der halbblinde Mann lag im Krankenzimmer der Dresdner Kaserne. Das Mädchen fragte einmal: ‚Darf ich Großpapa sagen zu dir? Du hast keine Enkelkinder, und ich habe keinen Großvater.'"

IV. Die Kinderheime

Die Familien wurden gleich bei ihrer Ankunft in Theresienstadt auseinandergerissen. Männer und Frauen mußten getrennte Quartiere beziehen. Die Kinder bis zum Alter von zwölf Jahren blieben anfangs bei ihren Müttern, die älteren Jungen wohnten zusammen mit den Vätern in Kasernen.

Die plötzliche Zerstörung der Familien verursachte bei den Betroffenen schwere psychische Erschütterungen. Hinzu kam die furchtbare Enge in den Wohnstätten, welche allen, insbesondere aber den Kindern, eine fast unerträgliche Last war.

Egon Redlich, der Leiter der Jugendfürsorge

Die Jugendfürsorge

Schon in den ersten Tagen des Ghettos wurde innerhalb der jüdischen Selbstverwaltung das Ressort Jugendfürsorge gebildet, welches in der Hauptsache zwei Abteilungen umfaßte: die eine sorgte für die leiblichen Bedürfnisse der Kinder (mit Zustimmung der deutschen Behörden), die andere nahm Aufgaben im Bereich Unterricht und Erziehung wahr (am Anfang in der Illegalität).

An der Spitze der Jugendfürsorge stand Egon (Gonda) Redlich und ihm zur Seite Fredy Hirsch. Beide waren führende Mitglieder der Jugendbewegung „Makabi Hazair". Die Leitung der Jugend- und Kinderheime lag gleichfalls zumeist in den Händen der zionistischen Jugendbewegungen.

Gonda hielt seine Tätigkeit in Theresienstadt in einem Tagebuch fest. An Wochentagen

Ende des 19. Jahrhunderts entstanden in Europa zahlreiche Jugendbewegungen, darunter auch jüdische. Sie hingen meist zionistischen Ideen an. „Makabi Hazair" bedeutet „junger Maccabi"; Maccabi war der Name einer Priesterfamilie, aus der sich ein Mitglied, Juda, als Befreiungskämpfer gegen die Griechen hervortat. „Maccabi" nennen sich vor allem jüdische Sportvereine.

schrieb er in hebräischer Sprache, an Samstagen schrieb er tschechisch:

> „... 450 Jugendliche leben gemeinsam in dem neuen Schulhaus unter der Führung des jungen Leiters Otto Klein. Man könnte annehmen, daß dies eine ideale Entwicklung bedeuten könnte. Aber die schwierigen Bedingungen, die ungenügende Ernährung, die Unterdrückung: das alles verhindert die angestrebte, gute Entwicklung der Jungen."

Otto Klein war damals erst 21 Jahre alt.

Die Errichtung der Kinderheime

In Theresienstadt waren die jüdischen Häftlinge zunächst nur in den Kasernen der Stadt einquartiert und durften diese nur auf dem Weg zur Arbeit und in Begleitung der Wachmannschaft verlassen. Im Jahr 1942 wurde dann die ganze Stadt zum Ghetto.

Vor der Errichtung der Kinderheime kümmerte sich die Jugendfürsorge um die Einrichtung besonderer Stuben für die Kinder in den Kasernen der Erwachsenen, um Unterricht, Tagesbeschäftigung, Kinderbibliotheken, besondere Nahrungszuteilungen, Bekleidung, Hygiene, Reparaturen u.s.w.

Bald wurden jedoch in den Kasernen besondere Wohnplätze für die Jugend eingerichtet. Im Juli 1942 mußten außerdem die letzten tschechischen Einwohner das Städtchen verlassen, so daß das Ghetto nunmehr neben den Kasernen auch die übrigen Häuser umfaßte. Vor diesem Hintergrund veranlaßten die Verantwortlichen der Jugendfürsorge die Ghettoleitung, bei den deutschen Behörden die Genehmigung zur Errichtung von Wohnstätten für Kinder und Jugendliche einzuholen. Dies war der Grundstein für die Errichtung der Kinderheime.

Mit der Zeit richtete man ein Heim für Säuglinge und Kleinkinder sowie eines für Vorschulkinder ein. In den Heimen für ältere Kinder waren Mädchen und Jungen getrennt untergebracht, außerdem gab es eigene Heime für Tschechisch- wie für Deutschsprachige. Familienangehörige konnten die Kinder in den Heimen besuchen. Etliche Heranwachsende lebten auch weiterhin mit ihren Eltern in den Kasernen, nahmen aber an den gemeinsamen Aktivitäten der Heimkinder teil. Kinder über 14 Jahre mußten wie die Erwachsenen an den Arbeitseinsätzen teilnehmen.

Organisation der Kinderheime

Viele Bemühungen der Jugendfürsorge gingen dahin, die Kinder soweit wie möglich vom brutalen Ghettoalltag fernzuhalten und so ihre Verrohung zu verhindern. Diesem Zweck dienten auch die Kinderheime.

Das Leben in der neuen Gemeinschaft erleichterte die Trennung von den Eltern. In allen Heimen waren die Kinder in Gruppen von zwanzig bis vierzig Zöglingen eingeteilt. Jede Gruppe hatte ihren Erzieher, der für alle Aspekte des Lebens im Heim verantwortlich war: Gesundheit, Ernährung, Disziplin, Unterricht etc. In dieser Hinsicht ähnelte er dem Erzieher eines israelischen Kibbuz. Langsam gewöhnten sich die Kinder an das Leben in der Gemeinschaft. Es entstand ein Gefühl der Zusammengehörigkeit mit der Gruppe, das ihnen über den Verlust der Familie hinweghalf. Dieses Gefühl, zusammen mit den bald geknüpften Freundschaften, fand seinen Ausdruck in gegenseitiger Hilfe und in gemeinsamen Projekten wie der Herausgabe von Zeitschriften, sportlichen Wettkämpfen und ähnlichem. Susi Brenner war 15 Jahre alt, als sie in das Deutsche Mädchenheim kam:

Ein Kibbuz ist eine jüdische Siedlung in Palästina, deren Bewohner nach bestimmten Regeln zusammenleben. 1909 wurde der erste Kibbuz gegründet. Kindererziehung ist in diesen Gemeinschaften traditionell zentral organisiert: Die Kinder wachsen gemeinsam in eigenen Heimen unter der Aufsicht von Erziehern auf.

> „Schön waren die Sabbatabende bei uns zuhause. Meine Eltern waren nicht fromm, aber meine Mutter wußte, wie man einen Feiertagstisch zu decken hatte. Mit Ungeduld erwartete ich immer das Kommen meines Vaters zur Feier des Sabbatabends. Niemals fehlten dort das Weißbrot, der Karpfen, Geflügelsuppe und andere gute Dinge. Auch eine Flasche Wein stand immer auf dem Tisch... Und dann wurde ich nach Theresienstadt deportiert, in die Dresdner Kaserne. Dort saß ich am Sabbatabend, wie an allen anderen Abenden, vor einem

Hana Grünfeld: Ohne Titel

trockenen Stück Brot und Erbsensuppe. Nach einigen Wochen überführte man mich in das Jugendheim. Ich weiß nicht, warum, aber ich wollte nicht dorthin. Ich war dermaßen verbittert, daß mir auch das Heim zuwider war. Aber nach langem Widerstand mußte ich nachgeben. An einem Freitagmorgen kam ich ins Heim. Verwundert sah ich den Mädchen und den Jungen zu, beim Waschen und Saubermachen der Wohnräume. Ich war überrascht, als ich aufgefordert wurde, zu Ehren des nahenden Sabbats mein bestes Kleid anzuziehen. Und noch mehr war ich erstaunt, als man mir bedeutete, drei Brotschnitten und Margarine zur gemeinsamen Mahlzeit beizusteuern. Um sechs Uhr versammelten sich alle im Hof zum Sabbatappell und dann im Hausflur zum Gebet – mein erster Gottesdienst in Theresienstadt. Das war für mich ein ungeheurer Eindruck, und mir kamen die Tränen, in Gedanken an meine fernen Lieben. Dann setzten wir uns hin zur gemeinsamen Mahlzeit, alle sagten ‚Beteawon', und die Brötchen schmeckten uns sehr gut. Das weitere Programm war ein sogenannter Oneg. Ich wußte nicht, worum es ging, doch ich setzte mich mit den anderen in den Kreis um den Tisch. Es wurde gesungen, erzählt, etwas wurde vorgelesen, und das alles gefiel mir sehr. Auch ‚Hora' wurde getanzt. Als ich schlafen ging, hatte ich zum ersten Male nach langer Zeit das Gefühl der Geborgenheit."

„Beteawon" bedeutet auf Hebräisch „Guten Appetit". „Oneg" ist eine kleine, intime Feier. „Hora" ist ein ursprünglich aus Rumänien stammender Kreistanz, der in jüdische Festtagsbräuche Aufnahme fand.

Der Unterricht in den Kinderheimen

Da Unterricht anfangs nur in der Illegalität stattfinden konnte, sahen sich die Erzieher zu verschiedenen Vorsichtsmaßnahmen gezwungen: Während des Unterrichts mußte ein Kind oder ein jüdischer Polizist vor der Tür Wache halten. Wenn Gefahr im Verzug war, wurde ein Signal gegeben, und die Schüler versteckten ihre Papiere und Hefte, während der Erzieher ein bereitgehaltenes Buch hervorzog, um seinen Zöglingen ein Märchen oder eine Geschichte vorzulesen. Auch Eli Bachner erhielt „verbotenen" Unterricht:

„... Unsere Lehrer standen auf einem sehr hohen Niveau. Wir hatten nicht genug Schreibmaterial. Papier und Bleistift waren seltene und manchmal überhaupt nicht erhältliche Dinge ... Soweit ich mich erinnere, waren es tschechische Polizisten, mit deren Hilfe Hefte ins Ghetto hereingepascht wurden, von denen dann jeder eine Seite bekam, oder auch

„Paschen" ist das jiddische Wort für „schmuggeln".

> nur eine halbe. Diese Seiten benützten wir meistens für Diktate. Ein Bleistift zum Beispiel war für zwei Kinder da, und wenn er verlorenging oder vollkommen abgenutzt war, dann erhielten wir ein neues, fünf bis sechs Zentimeter langes Stückchen. Überhaupt benützten wir Papier und Bleistift nur in gewissen Fächern, wie z.B. Mathematik. Andere Fächer lernten wir zumeist auswendig ..."

Später erlaubten die deutschen Behörden den Unterricht, und zwar, wie sich dann zeigte, in Vorbereitung auf den Besuch des Internationalen Roten Kreuzes.

Die Kinderheime waren der Versuch, für die Heranwachsenden einen Schutzraum zu schaffen, eine Gegenwelt zum Ghetto, die von den moralischen Grundsätzen einer normalen Gesellschaft regiert wurde. Das war letztlich ein unmögliches Unterfangen, denn die Kinderheime standen ja nicht außerhalb der Wirklichkeit des Lebens im Ghetto. Immerhin aber schufen sie wenigstens einen Rahmen, in welchem die Kinder mit Hilfe ihrer Erzieher lernten, zwischen Gut und Böse zu unterscheiden und unter den verzerrten Bedingungen des Ghettos soweit wie möglich in diesem Sinne ihr Leben zu gestalten.

Helga Weiss, 12 Jahre: Illegaler Unterricht

V. Religiöses Leben

Unter den Häftlingen, die aufgrund der Nürnberger Rassegesetze im Ghetto gefangen waren, befanden sich auch evangelische und katholische Christen. Sie hielten ebenfalls Gottesdienste ab und pflegten z.B. ihre eigenen Bestattungsbräuche.

Die deutschen Behörden gaben keine gesonderte Erlaubnis zur Religionsausübung, aber es bestand auch kein ausdrückliches Verbot. So ließ der Ältestenrat Gebetshäuser einrichten und veranlaßte das regelmäßige Feiern der Gottesdienste.

In der ersten Hälfte des Jahres 1943 wurden in mehreren Kasernen Bethäuser eröffnet, und zwar in der Magdeburger, in der Kavallerie- und in der Sudetenkaserne sowie auch in verschiedenen Baracken und auf Dachböden, wo im Winter furchtbare Kälte und im Sommer erstickende Hitze herrschten. Den älteren Häftlingen fiel es oft schwer, dorthin zu gelangen, und manchmal geschah es, daß sie baten, man möge sie hintragen. Einige dieser Bethäuser dienten auch zu Vorträgen, Vorstellungen und Konzerten. Schlomoh Schmidt erinnert sich einer besonderen Jom Kippur-Feier:

Jom Kippur ist der höchste jüdische Feiertag.

„Mein letzter Tag im Ghetto wird mir bis zu meinem Ende im Gedächtnis bleiben. ... Schon am Vorabend des Jom Kippur wurde uns befohlen, uns zur Einwaggonierung einzufinden. Aber der Transport verzögerte sich, und einige der zur Verschikkung Bestimmten nutzten die Zeit, um an diesem heiligen Tag am Gottesdienst in der Synagoge teilzunehmen. Für mich war dies besonders wichtig,

Helga Weiss: Anzünden der Chanukkah-Kerzen auf dem Dachboden von L 410
Chanukkah ist das jüdische Lichterfest in Gedenken an den Sieg der Juden über das Volk der Makkabäer. An dieser acht Tage dauernden Feier wird ein Leuchter mit neun Kerzen entzündet.

denn ich wußte, daß mein Vater, Rabbi Jitzchak Schmidt, dort der Kantor, der Vorsänger sein würde. Er hatte viele Jahre in der Prager Altneusynagoge das Amt des Oberkantors innegehabt, und er war nicht in einen der Transporte eingereiht. Sowohl mein Vater als auch ich, wir wußten, daß dieses Gebet für uns den Abschied bedeutet und daß wir uns nie mehr wiedersehen werden. Das letzte, was ich von ihm zu hören bekam, war der Ton des Schofar, der den heiligen Tag beschließt. Gleich darauf wurden wir zum nahegelegenen Gleis zurückgerufen, zur Abfahrt des Zuges."

Rabbi Jitzchak Schmidt und seine Frau wurden mit dem letzten Transport nach Auschwitz verschickt und dort umgebracht.

Das Schofar ist ein Widderhorn, auf dem beim jüdischen Gottesdienst an bestimmten Festtagen nach dem Gebet geblasen wird.

Theresienstadt war eines der wenigen Ghettos, in denen anfangs bei Bestattungen das jüdische Ritual eingehalten wurde. Dr. Richard Feder, Rabbiner in Theresienstadt, erzählt:

„Zu unseren schwersten Arbeiten gehörten die Begräbnisse. Die Verstorbenen wurden von den in solchen Dingen Erfahrenen sorgfältig gewaschen. Auf Befehl der deutschen Behörden durfte keinerlei Tuchwerk in die Gräber kommen, und so umwickelten wir die Verstorbenen mit Papier, bevor wir sie in die hölzernen Särge legten. Bis August 1942 begrub man jeden in einem Einzelgrab, später schaufelte man Massengräber, jeweils für 35 Leichen. Seit Oktober 1942 wurde das Krematorium in Betrieb gesetzt. Im Jahre 1944, als die Deutschen den Besuch der Vertreter des Internationalen Roten Kreuzes erwarteten, erging der Befehl, die Tätigkeit des Krematoriums für einige Tage zu unterbrechen. Nach diesem Besuch wurde das Krematorium wieder in Betrieb gesetzt."

Eva Meitner: Seder-Abend
Am ersten Abend des Passah-Festes wird ein Familiengottesdienst nach fester Ordnung (d.i. „Seder") gefeiert.

VI. Theater

In keinem anderen Ghetto gab es ein so reiches kulturelles Leben unter den Häftlingen wie in Theresienstadt. Das hatte einerseits seine Ursache darin, daß die Vorschriften im „Musterghetto" zeitweise lockerer waren als in anderen Lagern. Vor allem aber wurden prominente Juden bevorzugt in Theresienstadt interniert, darunter auch zahlreiche herausragende Künstler. Die kulturellen Projekte wurden von der Sektion „Freizeitgestaltung" der Selbstverwaltung koordiniert.

Bereits in den ersten Wochen des Ghettos begann das Kulturleben. So durften Freundschaftsabende in den verschlossenen Kasernen schon im Dezember 1941 stattfinden. Den Mittelpunkt dieser Zusammenkünfte bildeten hauptsächlich Gesangsveranstaltungen und Kabarettvorstellungen. Viele davon leitete Karel Schwenk, der sich auch als Verfasser hervortat:

„Alles ist möglich"
Zum Anlaß des
sechsmonatigen
Aufenthaltes des
„Arbeitskommandos"
im Ghetto.
Regie: Karel Schwenk

Mit der Zeit entwickelten sich umfangreiche kulturelle Aktivitäten in den freien Stunden. Dazu gehörten Literatur, Musik und Theater, aber auch Vorträge, Buchverleih u.s.w. Die Veranstaltungen fanden winters auf improvisierten Bühnen, in Kellern und auf Dachböden statt, im Sommer auch in den Höfen. Es gab Schauspiele, Opern, Kabarette und Vorlesungen. Besonders seit Anfang 1943, als sie das große Täuschungsmanöver der Verschönerung des Ghettos in Gang brachten, ermöglichten die deutschen Behörden ein fast ungestörtes Aufblühen des Kulturlebens. Der Besitz von Musikinstrumenten war jetzt erlaubt, und die Vorstellungen durften in aller Öffentlichkeit stattfinden.

Die jüdische Ghettoverwaltung ernannte einen Verantwortlichen, der den Auftrag hatte, Räume für die Proben zu finden und den Künstlern die Möglichkeit zu verschaffen, einen größeren Teil des Tages ihrer Kunst zu widmen. Die Ghettoverwaltung war freilich außerstande, die Deportation von Musikern, Schauspielern und anderen Künstlern „nach Osten" zu verhindern.

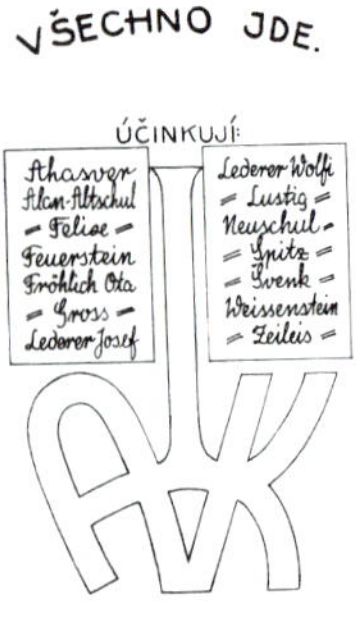

Ankündigung zum Kabarett: „Alles ist möglich"

Peter Kien: Karel Schwenk

Die Eintrittskarten zu den Vorstellungen wurden gegen Bezahlung mit dem sonst vollkommen wertlosen „Ghettogeld" an den Arbeitsplätzen vergeben. Auch Protektion war dabei im Spiel, denn der Andrang war groß. Die Menschen wollten lachen, wollten sich an die Vergangenheit erinnern, die bedrohliche Gegenwart bewältigen – und sich den Glauben an eine Zukunft bewahren.

Aus Zeugenberichten von Schauspielern, die in Theresienstadt auftraten, geht hervor, daß sie auch unter schwersten Bedingungen aufzutreten bereit waren, denn das Spiel und das Schaffen waren ihnen eine seelische Notwendigkeit. Das Publikum wiederum – dürstend nach Ablenkung, nach etwas Vergnügen, nach einem Kulturleben aus der Zeit vor dem Ghetto – strömte zu den Veranstaltungen, die zumindest in der ersten Zeit ohne irgendwelche technischen Hilfsmittel wie Kulissen, Kostüme und spezielle Beleuchtung durchgeführt wurden. Unter diesen Voraussetzungen mußte sich Kultur auf ihren Wesenskern besinnen – den Künstler, das Publikum und die Botschaft.

Im Jahre 1943 jedoch kam der Maler und Bühnenbildner František Zelenka nach Theresienstadt. Aus einfachsten Materialien wie Karton, Lumpen und selbst Abfällen schuf er Kostüme und Kulissen, die kein Theater beschämt hätten. Im Jahre 1944 wurde er in Auschwitz ermordet.

Es gab auch ein Marionettentheater in Theresienstadt. Der Holzschnitzer Walter Fried schuf zu seinem Vergnügen einige kunstreiche Puppen, die Augen und Mund öffnen bzw. schließen sowie neben Händen und Füßen auch ihre Finger bewegen konnten. Zusammen mit der Schauspielerin Nava Shan veranstaltete er Marionettenspiele für die Kinder. Nava sprach den Text, während Walter die Puppen

Der Kabarettist Schwenk

in Bewegung setzte. Wenn eine von ihnen Geige „spielte“, war es hinter den Kulissen Egon Katz, der namhafte Violinist von den Prager Philharmonikern, welcher die wirkliche Musik dazu lieferte. In dem Buch *Schauspielerin sein* resümiert Nava Shan:

> „... Im Rückblick erkenne ich das Absurde in der Idee, Cocteaus *Stimme eines Menschen* aufzuführen. In dem Stück tritt nur eine Schauspielerin auf, der Ort der Handlung ist ihr Schlafzimmer ... die Frau spricht am Telefon mit ihrem Geliebten ... Der Geliebte verläßt sie, und dies ist ihr letztes Gespräch. Sie verabschiedet sich von ihm in einem eineinhalbstündigen Monolog. Und ich, im sinnlichen Rausch der Gefühle einer jungen Schauspielerin, stehe vor Zuschauern, die von ihren Liebsten getrennt wurden, ohne die Möglichkeit von ihnen Abschied zu nehmen, und die morgen im Transport ‚nach Osten‘ gehen, ohne ein Wort des Abschieds. Aber welch ein Wunder: Die Zuschauer hören zu, sie klatschen Beifall, das Publikum ist dankbar für die Darbietung, für dieses ‚Etwas‘, welches sie an das Theater erinnert, das sie einst besuchten, bevor sie hierherkamen, nach Theresienstadt.“

Wilhelm Konrad: Theater in der Kavalier-Kaserne

VII. Musik

Peter Kien: Der Dirigent Rafael Schächter

In Theresienstadt gab es ein vielgestaltiges musikalisches Leben, als Stütze und Trost im Elend des Ghettos.

Gleich von Anfang an, mit den ersten Ankömmlingen im Ghetto, wurde Musik als Quelle der Schönheit, der Hoffnung und des zeitweiligen Vergessens des trüben Alltags verstanden. Mit den vielen Deportierten kamen auch zahlreiche namhafte Künstler in die Festungsstadt, und darunter natürlich auch Musiker: Dirigenten, Sänger, Komponisten und Musikanten, die viele verschiedene Instrumente beherrschten.

Manchen gelang es, trotz aller Verbote, ihre Musikinstrumente zwischen Kleidungsstücken und Decken ins Ghetto hineinzuschmuggeln. Der Dirigent Rafael Schächter war einer der ersten, der damit begann, Chöre zu organisieren. Später dirigierte er Opernvorstellungen im Ghetto. Auch in den Kinderheimen gab es Chöre, es entstanden Jazzgruppen, in engen Kellern und auf Dachböden wurde Kammermusik gespielt. Nicht zu vergessen sind auch Komponisten wie Hans Krása, Gideon Klein, Paul Haas, Viktor Ullmann und andere, die zwischen den Mauern des Ghettos Musik schufen. Im Keller des Mädchenheimes L 410 stand ein altes Harmonium, welches bei den Proben zur Aufführung von Verdis *Requiem*, gleichfalls unter Rafael Schächters Leitung, als Ersatz für das Orchester diente.

Verdis *Requiem* – Das Requiem des Ghettos

Im September 1943 erklang, unter der Mitwirkung eines 150köpfigen Chores und vier namhafter Solisten, im Ghetto zum ersten Mal das *Requiem* von Giuseppe Verdi. Das Orchester

Der Pianist Gideon Klein

bestand aus zwei Pianisten, Gideon Klein und Tekla Pollaková. Ob diese Totenmesse für die Verzweifelten und „nach Osten" Verschickten Hilfe und Trost bedeutete, bleibt für immer die Frage.

Das *Requiem* war ein großer Erfolg, doch gleich nach der Premiere wurde ein beträchtlicher Teil der Aufführenden ostwärts, nach Auschwitz, deportiert. Rafael Schächter stellte ein neues Ensemble zusammen, und wieder wurden die meisten „nach Osten" verschickt. Der unermüdliche Dirigent organisierte ein drittes Ensemble, und das *Requiem* erlebte schließlich noch 15 Aufführungen. Die letzte fand in der Anwesenheit des Internationalen Roten Kreuzes statt. Der Kommandant des Ghettos gab daraufhin das Versprechen ab, die Musizierenden nicht mehr voneinander zu trennen, und er hielt es auf zynische Weise – Rafael Schächter und alle seine Kollegen gingen gemeinsam mit dem nächsten Transport nach Auschwitz.

Plakat der „Requiem"-Aufführung im Jahre 1943

Opernaufführungen

Der Komponist und Dirigent Hans Krása

Ein Teil der in Theresienstadt entstandenen musikalischen Werke ist verlorengegangen. Die erhalten gebliebenen werden heute in den Konzertsälen der ganzen Welt aufgeführt.

Im kleinen Turnsaal des Knabenheimes L 417 (dem heutigen Ghetto-Museum) stand ein Klavier. Hier fanden die Proben zur Aufführung der Oper *Die verkaufte Braut* des tschechischen Komponisten Bedřich Smetana statt, gleichfalls unter der Leitung Rafael Schächters. Hana Pollaková war unter den Zuhörern:

> „... Im Dezember 1943 gingen wir in den Turnsaal im Knabenheim L 417, der voll war bis auf den letzten Platz. Ich saß zu Füßen des Klaviers. Die *Verkaufte Braut* hatte ich in Prag schon dreimal gehört, aber das war nicht so wunderbar wie hier. Es war geradezu ein Wunder, daß es dem Dirigenten Rafael Schächter gelang, im Ghetto etwas derartiges zu schaffen. Als ich nach der Vorstellung nach Hause ging, fühlte ich mich plötzlich hoch erhoben über die alltäglichen, mit dem Essen, dem schwarzen Markt, der schweren Arbeit im Gemüsegarten verbundenen Sorgen. Ich war ein Mensch, der schöne Träume träumte und dann plötzlich wieder erwachte in einer trüben, grauen Wirklichkeit. Unablässig dachte ich an die *Verkaufte Braut,* und sogar im Schlaf hörte ich noch die Arie von der *Treuen Liebe.*"

Weitere Werke, die im Ghetto Theresienstadt zur Aufführung kamen, waren Smetanas *Der Kuß,* Mozarts *Hochzeit des Figaro,* die Verdi-Oper *Rigoletto,* Bizets *Carmen* sowie *Tosca* von Puccini.

In der Magdeburger Kaserne befand sich noch ein kleiner Saal, in dem weitere Opernaufführungen stattfanden, wie zum Beispiel die Kinderoper *Brundibár* von Hans Krása, an der viele Kinder aus den Kinderheimen teilnahmen. Diese Oper wurde 55 mal aufgeführt, aufgrund der Deportationen jedoch fast immer in anderer Besetzung. Rudolf Laub, der die Rolle des Katers in *Brundibár* spielte, erlebte einen aufregenden Premierentag:

Otto Ungar: Cellist

> „... Die Premiere war ein großer Erfolg. Wir kamen eineinhalb Stunden vor Beginn, und als wir unsere geschminkten Gesichter sahen, die wir schrecklich fanden, tollten wir herum, wie bei den Proben. Dann aber, mit der Ankunft der ersten Zuschauer, packte uns langsam das Lampenfieber, die Angst vor dem Publikum. Auch diejenigen, die immer die Gleichgültigen spielten, bekamen jetzt rote Ohren vor

Plakat zur Kinderoper „Brundibár“

Angst. Aber mit den ersten bekannten Klängen beruhigten wir uns und begannen zu spielen – und es gelang ... Als wir am Ende waren mit Spiel und Gesang und der gewaltige Beifall durch den Saal brauste, da waren wir glücklich, denn der Mensch braucht den Beifall, und wir waren auch froh über die gute Arbeit, die wir geleistet hatten. Die Zuschauer in Theresienstadt werden wohl bald die Oper *Brundibár* vergessen, aber für uns, die Aufführenden, wird es eine der wenigen schönen Erinnerungen an Theresienstadt bleiben.“

Doch Rudolf Laub war es nicht vergönnt zu überleben und sich zu erinnern ...

VIII. Malerei und Zeichnung

Der Zeichner Peter Kien

Kein anderer Zweig der Kunst wäre imstande gewesen, den Alltag im Ghetto so anschaulich festzuhalten wie die Malerei. Hunderte Zeichner dokumentierten das Geschehen. Unter ihnen gab es talentierte Künstler wie Bedřich Fritta (d.i. Fritz Taussig), Peter Kien, Otto Ungar, Karel Fleischmann, Felix Bloch, Leo Haas und andere. Nach den Arbeitsstunden zeichneten sie heimlich auf, was ihre Augen sahen: die Hinrichtungen und Transporte, die Totenwagen in den Gassen, Hunger, Enge und Krankheit sowie das Schicksal der Alten. Von der ersten Kaserne über den großen Appell außerhalb der Stadt im November 1943 bis hin zur „Verschönerungsaktion", dem Propagandafilm und dem Besuch des Roten Kreuzes spiegelt sich die ganze Geschichte des Lagers in den Zeichnungen wieder. Auch die unterschiedlichen kulturellen Aktivitäten fanden Eingang in diese Werke: zunächst das Wirken im Verborgenen, später die Vorstellungen und Konzerte vor zahlreichem Publikum in den Höfen. Auch das Kaffeehaus, der Musikpavillon, der Spielpark für die Kinder und andere Bestandteile der „Verschönerungsaktion" wurden festgehalten.

Viele der Künstler hatten überhaupt nur Zugang zu den notwendigen Zeichenmaterialien, weil sie im Baubüro der Selbstverwaltung arbeiteten.

Die Ghettoleitung errichtete mit Erlaubnis der SS eine Bauabteilung, die zur Anfertigung

B. Fritta: Kulissen zum Besuch des Roten Kreuzes

von Plänen eine Art Kanzlei unterhielt. Hier durften die Künstler verschiedene Skizzen und Zeichnungen ausführen, die geeignet waren, die Furcht und das Elend zumindest ein wenig zu erleichtern.

Ein Teil der Zeichnungen und Bilder gelangte auch nach „draußen“, und zwar durch die Vermittlung des Kunstsammlers Franz Strass. Die Künstler glaubten, daß auf diese Weise wenigstens ein Teil ihrer Arbeiten erhalten bleiben könnte, auch wenn sie selbst den Krieg nicht überleben sollten. Doch alles wurde entdeckt, man faßte die Künstler, und die meisten bezahlten mit ihrem Leben. Leo Haas, einer der wenigen Überlebenden, erzählt:

> „... Am Morgen des 17. Juli 1944 mußten wir in der Kanzlei der Gestapo antreten, und wir wurden sogleich in den Keller geführt. Nach langem Warten stieß man uns in das Zimmer des Kommandanten Rahm hinein. Außer ihm waren hier der SS-Offizier Moes anwesend sowie Günter und Eichmann. Sofort wußten wir, daß uns Schlimmes bevorsteht. Eichmann, der das Verhör eröffnete, tat so, als wäre er in tiefster Seele betroffen von den verleumderischen Beschuldigungen, die man seinen, die Juden betreffenden ‚edlen Ideen‘ hatte angedeihen lassen. Als Beweise zeigten sie uns zwei oder drei Zeichnungen von jedem von uns vieren. Günter zeigte mir ein Blatt, auf dem Juden nach Kartoffelschalen suchen, und fragte mich: ‚Wie kamst du darauf, eine derart die Wirklichkeit verzerrende Zeichnung zu verfertigen? Glaubst du wirklich, daß im Ghetto gehungert wird? Die Leute vom Roten Kreuz sind keineswegs dieser Meinung gewesen.‘
>
> Dunkelheit herrschte im Keller, als wir am Abend das Knarren der Bremsen hörten und gleich darauf das charakteristische Gebrüll der SS, die in den Keller stürmte und uns mit Püffen und Schlägen in die verdeckten Lastautos hineintrieb. Dort fanden wir unsere Frauen, weinend, aber glücklich bei unserem Anblick. Frittas Frau war da, mit dem dreijährigen Sohn Tomáš, Frau Bloch, Frau Ungar und ihre fünfjährige Tochter, meine Frau Erna, der Kunsthändler Strass und der Architekt Troller. Sie brachten uns in die Kleine Festung bei Theresienstadt. Ungar war der erste, der von hier nach Auschwitz geschickt wurde, während sie Bloch vor Ort zu Tode prügelten. Troller kam nach Auschwitz und überlebte. Strass, ein alter Mann, verblieb einige Zeit in Auschwitz und wurde dann zusammen mit seiner Frau umgebracht.
>
> Frau Ungar und ihre Tochter überlebten die Hölle,

Ungar selbst starb in Buchenwald, gleich nach der Befreiung, an Flecktyphus. In der Kleinen Festung verblieben Fritta und ich, unsere Frauen und der kleine Fritta. Die Gestapo reichte gegen uns eine Beschuldigung ein. Die Anklage lautete auf ‚Greuelpropaganda und ihre Verbreitung im Ausland'. Wir wurden nach Auschwitz überführt.

Fritta verstarb dort nach einer Woche an Blutvergiftung. Ich kam ins KZ Sachsenhausen, bis zur Befreiung im Mai 1945. Auch meine Frau blieb am Leben, nachdem sie fast ein Jahr mit Frittas Sohn Tomáš in der Kleinen Festung in einer Einzelzelle verbracht hatte. Hansi, Frittas Frau, verstarb hier infolge der schweren Bedingungen, und wir adoptierten Tomáš.

Sogleich nach der Befreiung fuhren wir auf der Suche nach den versteckten Zeichnungen nach Theresienstadt. Wir fanden alle. Im Laufe der Zeit konnte ich sie den Augen der Welt zugänglich machen, zusammen mit den wunderbaren Zeichnungen Frittas, einigen von Ungars Arbeiten und den ausgezeichneten Skizzen von Dr. Fleischmann, Arzt in Theresienstadt, dem es gleichfalls gelang, seine Arbeiten zu retten, alles glaubwürdige Zeugenschaften über die von Eichmann und Globke geplante ‚Endlösung'."

B. Fritta: Thomas zu seinem 3. Geburtstag in Terezín

IX. Kinderkunst

Das Buch *Hier fliegen keine Schmetterlinge. Kinderzeichnungen und Gedichte aus Theresienstadt 1942–1944,* herausgegeben von Hana Volavková, ist in zahlreiche Sprachen übersetzt worden. Der Titel zitiert eine Zeile aus einem Kindergedicht.

Durch das Buch *Hier fliegen keine Schmetterlinge* sind die Zeichnungen und Gedichte von Kindern einer breiteren Öffentlichkeit bekannt als Versuche, das traumatische Erlebnis des Ghettos künstlerisch zu bewältigen. Weniger bekannt sind die Kinderzeitungen, die Geschichten, die Theatervorstellungen, das Puppentheater und die Mitwirkung der Kinder bei den kulturellen Aktivitäten der Erwachsenen. Außerdem sind viele Tagebücher erhalten geblieben, die vom Alltag im Ghetto erzählen, von den Ängsten, den Träumen und Hoffnungen, über das Leben in den Kinderheimen, von den Transporten und dem Abschied von Verwandten und Freunden.

Die Kinder von Theresienstadt erscheinen im Spiegel dieser künstlerischen und biographischen Äußerungen einerseits nicht anders als Kinder in aller Welt, andererseits aber haben die schweren Erfahrungen wie Hunger, Tod, Furcht und Krankheit sie schneller erwachsen werden lassen. So finden wir oft in den Gedich-

Ruth Guthmann: Ohne Titel

ten, den Aufsätzen und Erzählungen eine Tiefe der Gefühle, eine Lebenserfahrung, die nicht ganz im Einklang steht mit dem Alter der Autoren.

Es wurde versucht, den Kindern, und hauptsächlich denjenigen, die zu ihrem Glück in einem der Kinderheime lebten, Erziehung angedeihen zu lassen. Unter den gegebenen Umständen war das Leben im Heim ein außerordentlicher Vorteil gegenüber den Bedingungen in den engen Quartieren der Erwachsenen, in den Kasernen und auf den Dachböden. Dort gab es kaum irgendwelche sportlichen Aktivitäten oder pädagogisches Engagement, und die Kinder erlebten aus der Nähe das Elend der Alten, die Reibungen, die Streitereien, die Diebereien – alles unvermeidliche Begleiterscheinungen des trostlosen, entbehrungsreichen Daseins im Ghetto. Die Erzieher taten alles in ihren Kräften stehende, den Kindern soviel Bildung wie möglich zu vermitteln. Gleichzeitig bemühten sie sich um die Erziehung zu einem Leben im Kollektiv und hielten die Kinder neben sportlichen auch zu künstlerischen Tätigkeiten an.

Mit Zeichnen und Malen beschäftigten sich Kinder jeden Alters – das war eine von den deutschen Behörden erlaubte Tätigkeit. Die üblichen Materialien hierzu waren jedoch nicht immer verfügbar, und so finden wir Zeichnungen auf Lösch- und Packpapier sowie auf der Kehrseite von Drucksachen, des weiteren Ausschneidearbeiten und Collagen aus Karteiblättern sowie sonstigen Papieren, die den Abfallkörben der Ghettoämter entstammten.

Im Mädchenheim L 410 lebte und lehrte die Malerin Friedl Dicker-Brandeis. In ihren Unterrichtsstunden vermittelte sie den Kindern die Grundlagen des Zeichnens, förderte die Entwicklung ihrer Phantasie und ihrer persönlichen Ausdrucksmöglichkeiten. Sie ermutigte die Kinder auch, in den Zeichnungen ihren Sorgen, Ängsten und Hoffnungen Ausdruck zu verleihen. Die Kinder zeichneten und malten jedoch auch ohne solche Anleitungen.

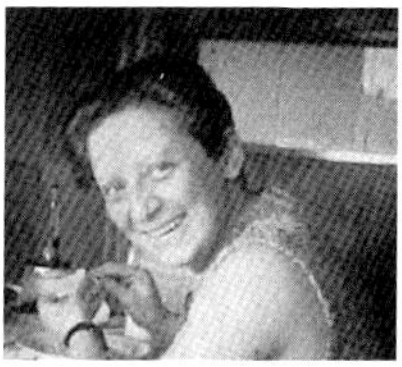

Die Bauhausschülerin Friedl Dicker-Brandeis

Daß heute so viele Kinderzeichnungen aus Theresienstadt erhalten sind, verdanken wir zum großen Teil Friedel Dicker-Brandeis. Sie bewahrte in zwei Koffern über 5.000 Bilder auf. Noch vor ihrer Deportation nach Auschwitz konnte sie die Koffer in sichere Verwahrung geben. Sie befinden sich nun im Besitz der Prager Pinkas-Synagoge.

Margit Gerstmann, 13 Jahre: L 318

Was zeichneten sie? Ein Begräbnis, Kinder, die zum Unterricht gehen, bewacht von der jüdischen Ghettopolizei. Doch sie zeichneten auch Dinge, nach denen sie sich sehnten: eine grüne Wiese, eine Schüssel voll eßbarer Dinge, Blumen, spielende Kinder – die Freiheit, das Zuhause ...

Die erhaltenen Zeichnungen dieser Kinder – die meisten überlebten den Krieg nicht – werden heute an vielen Orten als ein authentisches und zuweilen herzzerreißendes Zeugnis ausgestellt. Zumeist sind die Bilder und Gedichte signiert, und oft wird auch das Kinderheim bezeichnet, so daß wir das Alter der Kinder bestimmen können. Auf diese Weise wird die Zeichnung manchmal zu einer Art Grabmal für die umgekommenen Kinder, mit dem Geburts- und in vielen Fällen auch dem Todesdatum ...

Gedichte waren gleichfalls eine Möglichkeit, schwerlastende Erlebnisse, Träume und Hoffnungen auszudrücken. Zwischen den überlieferten Gedichten finden wir kindliche Reimereien, aber auch Verse von einer unerwarteten Reife des Ausdrucks:

Nach dem Gewitter kommt die Sonne,
Nach der Wüste kommt der Wald.
Nach dem Freitag kommt ein Feiertag,
Nach dem Winter der Mai.
Verlier nicht den Frohsinn,
Laune und Witz,
Durchhalten mußt du,
Dich erwarten
Bessere Zeiten.

Das Gedicht stammt aus dem Tagebuch Raja Engländers, die Verfasserin ist Eva Walskinr.

Es wurde auch gesungen. Zwei Gesangslehrerinnen arbeiteten im Mädchenheim L 410: Magda Weissová und Tekla Pollaková. Jede unterrichtete in ihrer Klasse, und manchmal vereinigten sich die Chöre zum gemeinsamen Gesang. Die Mädchen sangen mehrstimmig tschechische, deutsche und sogar hebräische Lieder. Der Chor war ein wichtiger Teil der festlichen Zusammenkünfte in den Heimen und auch bei sonstigen Gelegenheiten. Manchmal gingen die Mädchen in die Quartiere der Alten, zumeist an den Festtagen, um mit ihrem Gesang ein wenig Fröhlichkeit in das schwere Leben der betagten Leute zu bringen. Diese waren voll Lob und Dankbarkeit für die von den Kindern dargebrachten Augenblicke der Freude.

Eine weitere Möglichkeit zum Musizieren bildeten die Vorstellungen der Erwachsenen. Hier ging es schon um die Verbindung von Musik und Theater, wie zum Beispiel bei der Kinderoper *Brundibár* von Adolf Hoffmeister und Hans Krása. Die Aufführung fand unter der Leitung von Rudolf Freudenfeld, der auch „Baschtik" genannt wurde, statt. Er versammelte für den Chor und für die Solistenrollen so viele Kinder wie nur möglich, denn auch die kleinen Sänger wurden immer wieder „nach Osten" deportiert; doch die Aufführungen sollten weitergehen ...

Kamilla Rosenbaum war Erzieherin in L 410. Als professionelle Tänzerin organisierte sie mit den ihr anvertrauten Mädchen Tanzvorführungen. Die bekannteste dieser Vorführungen setzte sich aus einer Reihe von anmutigen Tänzen zusammen, die den Rahmen für das tschechische Kindermärchen *Die Leuchtkäferchen* bildeten, das von der Schauspielerin Nava Shan

Ankündigung zum Marionettentheater

(damals Vlasta Schön) vorgetragen wurde. Dieses Stück wurde oft aufgeführt und erhielt großen Beifall.

Darüber hinaus gab es von Anfang an kleine Marionettentheater im Ghetto (vgl. auch Kapitel VI). Die Kinder halfen dabei oft mit, sowohl bei der Herstellung der Puppen als auch während der Vorstellungen und natürlich immer als begeisterte Zuschauer.

In vielen Kinderheimen existierten dramatische Zirkel, die manches aufführten, zum Teil sogar eigens geschriebene Stücke. Man spielte entweder in den eigenen Heimen oder auch vor den Kindern aus anderen Kasernen und manchmal auch vor einem erwachsenen Publikum. Die kleinen Schauspieler ernteten Lob und Applaus, was sie zu weiteren Aufführungen ermunterte. In *Wie ich Theater spielte* erinnert sich Zuzka an die Zeit, als sie zehn Jahre alt war:

„Eines Tages erfuhren wir von Lili die erfreuliche Nachricht, daß wir in einer Theatervorstellung auftreten werden. An einem Freitagabend kam ein Herr, setzte sich zum Tisch und begann, aus einem Buch vorzulesen, das er selbst geschrieben hatte. Das Buch hieß *Zu zweit um die Welt*. Da es uns sehr gefiel, sagte Lili, daß wir es aufführen werden. Mit großer Freude begannen wir am nächsten Tag, fleißig zu lernen. Jede von uns bekam eine Rolle. In einer Woche mußten wir sie auswendig wissen. Wir begannen mit den Proben, und dann war Generalprobe, die uns sehr gut gelang. Am Freitagabend spielten wir das Stück in der Hamburger Kaserne. Den Kindern und auch ihren Pflegerinnen gefiel es sehr. Alle baten um eine weitere Vorstellung. Zur zweiten Aufführung kamen auch die Eltern und einige Herren aus der Magdeburger Kaserne. Nachher gaben wir noch drei Vorstellungen in L 414, und ich hoffe, daß die nächste Vorstellung in Prag sein wird."

Plakat zu dem tschechischen Theaterstück „Esther"

Von den für die Kinder bestimmten Theaterstücken ist unter anderen das Drama *Esther* erwähnenswert. Ein mittelalterliches, tschechisches Schauspiel, welches die Geschichte des biblischen Buches *Esther* behandelt, wurde von dem Schriftsteller Norbert Fried für die Kinder von Theresienstadt adaptiert. Die Musik komponierte Karl Reiner, und Hans Jochowitz dirigierte das Orchester.

Umschlagblatt der Theresienstädter Kinderzeitung „Rim Rim Rim"

Von den Kinderzeitungen in Theresienstadt ist die Zeitschrift *Vedem* (*Wir führen*) die bekannteste. Die Jungen des Zimmers Nr. 1 im Knabenheim L 417 waren die Verfasser, Zeichner, Redakteure und Herausgeber. Im Laufe von zwei Jahren erschien die Zeitschrift regelmäßig jede Woche. Es gab verschiedene Sparten, unter anderem erschienen hier Gedichte von den Zöglingen des Heimes und Zeichnungen. Eine der Rubriken hieß *Streifzüge durch Theresienstadt.* Hier wurden unterschiedliche Aspekte des Ghettoalltags beschrieben, wie zum Beispiel die Bäckerei, das Zentralbad, die Totenkammer u.s.w., hinzukamen Gespräche mit den dort Beschäftigten. Im Kinderheim L 414 erschien längere Zeit die Zeitschrift *Bonako*, und im Kinderheim Q 609 wurde die Zeitung *Kamarád (Freund)* herausgegeben.

Das alles fand mit den großen Transporten im Herbst 1944 sein Ende. Viele dieser Kinder kamen nicht mehr zurück, und nur ihre Namen auf den Zeichnungen, unter den Aufsätzen und Gedichten blieben uns erhalten.

Titelzeile der bekanntesten Theresienstädter Kinderzeitung

X. Transporte „nach Osten"

Die Transporte „nach Osten" hingen als ständige Bedrohung über allem, was im Ghetto geschah. Zu allen Tätigkeiten – erzieherischen, kulturellen oder anderen – bildete die Gefahr der Deportation den Hintergrund.

Bis Ende 1944 kamen mehr als 140.000 jüdische Häftlinge nach Theresienstadt. Davon starben im Ghetto etwa 33.000. Einige wurden von der Gestapo verhaftet und verschwanden spurlos. Insgesamt wurden fast 87.000 Menschen „nach Osten" deportiert, von denen nur ca. 3.000 überlebten.

Aus diesen bedrückenden Zahlen geht hervor, daß es die Führung der böhmisch-mährischen Juden trotz aller Bemühungen nicht vermochte, eine im Vergleich mit anderen europäischen Ländern größere Anzahl von Juden vor der Vernichtung zu retten.

Charlotte Bureš: Transport

Die Transporte waren der Mittelpunkt allen Geschehens im Ghetto, dessen Einwohner in stetiger Angst vor der Deportation lebten. Sie unternahmen alles in ihren Kräften stehende, dieses Unglück abzuwenden, doch die Anstrengungen waren vergeblich.

Auf einem eigens gelegten Gleis kamen seit Mitte 1943 die Transporte nach Theresienstadt, und viele Tausende fuhren von dort ostwärts – in den Tod. Auf Anordnung der deutschen Behörden war es die Aufgabe des Ältestenrates, die Transportlisten zusammenzustellen. Diese Listen enthielten den Zeitpunkt und die Anzahl der zu Deportierenden. Es blieb der Selbstverwaltung überlassen, zu bestimmen, wer verschickt werden sollte, ausgenommen diejenigen, deren Transport in den Osten ausdrücklich von den Deutschen befohlen worden war und ausgenommen solche, die nicht deportiert werden durften, wie z.B. ehemalige deutsche Offiziere, Ordensträger oder Kriegsbeschädigte aus dem Ersten Weltkrieg. Tage- und nächtelang beratschlagte die jüdische Leitung, wer nach Auschwitz verschickt werden sollte, bis die Listen mit der befohlenen Anzahl von Namen – und als Reserve noch über hundert mehr – fertiggestellt waren. Esther Kohn war 16 Jahre alt, als sie in Theresienstadt die Deportationen miterlebte:

Da Kinder, Kranke und alte Menschen bei den Arbeitseinsätzen weniger zu leisten vermochten, waren sie besonders von der Deportation in die Vernichtungslager bedroht.

> „21. Januar 1943. In den Gassen von Theresienstadt häuft sich der Schnee, und es herrscht eisige Kälte. Seit Tagen gibt es diese schrecklichen Gerüchte von Transporten nach Polen. Heute sollen die ersten Einberufungen verteilt werden – bin ich diesmal im Transport, oder die Eltern? Fahre ich vielleicht allein? Oder wird meine Schwester fahren? Solche und ähnliche Gedankengänge durchkreuzen gewiß die Köpfe aller, welche jetzt schon die halbe Nacht wachliegen. Es ist schon Morgen. Ich höre schwere Männerschritte, sie nähern sich unserer Tür. Zwei betreten das Zimmer mit Kerzen in den Händen, und das Herz pocht schneller. Der eine ist uns bekannt, es ist Sigi. Beim Kerzenlicht liest er zwei Namen und übergibt den Gerufenen gelbe Papierstreifen. Alle springen aus den Betten und stehen bei den Betroffenen. Auch ihre Eltern eilen herbei, bedrückt, besorgt. Es ist ein ergreifendes Schauspiel zu sehen, wie die Mädchen ihre Eltern

und diese wiederum die Mädchen zu beruhigen versuchen. Wir anderen helfen unterdessen bei den Vorbereitungen – wir nähen und schreiben auf das Gepäck die neuen Transportnummern. Das sind schwere Minuten, denn wir fühlen, wie sehr wir, trotz gelegentlicher Streitereien, miteinander verbunden waren. Nicht nur bei uns ist das Los gefallen, in allen Zimmern ist der gleiche Aufruhr. Merkwürdig, mit welcher Ruhe sich unsere Freundinnen für den Weg vorbereiten, scheinbar ohne Aufregung. Aber das ist gewiß nur eine vorgetäuschte Ruhe, um uns nicht noch mehr zu betrüben. Unterdessen kommen weitere Einberufungen. Es gibt auch solche, die befreit werden. Fünf Uhr ist die anbefohlene Stunde, in die ‚Schleuse' einzurükken, und jetzt ist es schon drei Uhr. Unsere Kameradinnen sind nicht vom Transport befreit worden, sie rüsten sich zum Abschied und so auch wir. Man kommt schon, um ihr Gepäck abzuholen. Im Heim herrscht eine furchtbare Spannung. Draußen sinkt der Schnee und mit ihm die Dämmerung in die Gassen. Sie sind zum Gehen bereit. Wir alle sind tief bedrückt. Wir fühlen, daß ein Teil des Heimes uns verläßt, und es ist, als würde ein lebendiger Teil von uns weggerissen. Der Abschied ist kurz, damit er nicht allzu schwer wird. Dann gehen sie. Vier Kameradinnen begleiten sie bis zur ‚Schleuse'. Wir laufen zum Fenster, aber draußen ist es schon dunkel, wir sehen nur das Schneegeglitzer. Zwei leere Betten im Zimmer. Eine zerstörte Gemeinschaft."

„Schleuse" wurde das Gebäude genannt, das alle ankommenden oder abfahrenden Gefangenen passieren mußten. Dort wurden sie registriert und das Gepäck kontrolliert.

Leo Haas: Transport nach Osten

XI. Die letzten Tage

Im Herbst 1944 kam der Befehl zu etlichen weiteren Transporten nach Auschwitz. Zwischen dem 28. September und dem 28. Oktober verließen elf Transporte mit 18.000 Häftlingen das Lager. Selbst kurz vor Kriegsende hielt die SS noch am Programm der „Massenvernichtung" fest. Glücklicherweise konnte in Theresienstadt weder die Errichtung einer Gaskammer verwirklicht noch ein Ort für die Liquidation der Häftlinge durch Erschießen fertiggestellt werden. In der Kleinen Festung wurden jedoch Erschießungen vorgenommen.

Ende April 1945 erschienen in Theresienstadt letzte Transporte mit Häftlingen aus anderen Konzentrationslagern, die wegen des Vormarsches der Westalliierten und der Roten Armee evakuiert worden waren. Sie befanden sich in einem furchtbaren Zustand, waren ausgehungert, erschöpft und teilweise an Flecktyphus erkrankt. Mit einem dieser Züge kam Hana Drori zum zweiten Mal in Theresienstadt an.

Innerhalb von zwei Wochen trafen über 15.000 Häftlinge in Theresienstadt ein.

„Nach wochenlanger Fahrt in offenen Lastzugwaggons brachten uns die Deutschen zurück nach Theresienstadt. Aber im April 1945 war es ein anderes Theresienstadt als dasjenige, aus dem ich ein halbes Jahr zuvor nach Birkenau verschickt worden war. Mit uns zusammen kamen viele Häftlinge aus verschiedenen Konzentrationslagern und Todesmärschen: erbarmungswürdige Skelette, in verdreckten Sträflingskleidern, sterbend vor Hunger und schwerkrank. Nichts erinnerte an das Ghetto, wie wir es von unserem vorherigen, langen Aufenthalt kannten. Am Anfang wurden wir außerhalb des Ghettos einquartiert, isoliert in Baracken, in denen einst jene unglücklichen Kinder aus Bialystock wohnen mußten. Als sich endlich zeigte, daß wir nicht typhusverseucht waren, überführte man uns nach L 417, das ehemalige tschechische Knabenheim, heute das Museumsgebäude. In den Gassen waren wir Zeugen schrecklicher Szenen: Wagen, beladen mit Menschen, welche zu krank und schwach waren, um zu Fuß zu gehen. Im Ghetto gingen Gerüchte um vom nahen Ende des

Im August 1943 traf in Theresienstadt ein Transport mit 1260 Kindern aus dem polnischen Ghetto Bialystok ein. Sie wurden von den Ghettobewohnern isoliert einquartiert, da sie Augenzeugen von Massenhinrichtungen gewesen waren und die Lagerkommandantur Gerüchte darüber im Ghetto vermeiden wollte. Nach einem Monat wurden sie, angeblich zum Austausch gegen Kriegsgefangene, weiterverschickt. Tatsächlich kamen sie, und mit ihnen ihre Betreuer aus Theresienstadt, nach Auschwitz und wurden dort umgebracht. Siehe dazu auch Nr. 13 und Nr. 28 des Rundgangs.

Befreiung Theresienstadts durch die 1. Ukrainische Armee

Krieges. Die Deutschen verschwanden, sie waren nicht mehr zu sehen. Am 8. Mai, früh am Morgen, hörte ich ein Summen wie von einem riesigen Bienenschwarm. Der Ton wurde immer stärker. Ich wußte nicht, woher er kam, und trotz der Warnungen eilte ich zum Fenster, und jetzt sah ich die Ursache des Lärms. Ein Panzer der Roten Armee erschien auf der Straße und dahinter der zweite und der dritte ... Und auf jedem Panzer, außer den müden Soldaten, zahlreiche Häftlinge, schreiend, jubelnd aus weit offenen Mündern, begleitet von dem Rasseln der Panzerketten. Das war der Ton, der sich von weitem wie das Summen eines Bienenstockes ausnahm. Eine ganze Woche verging, wir blieben weiter im Ghetto, das nicht mehr ein Ghetto war, und wir erhielten nicht die Erlaubnis, nach Hause zu fahren, bis sich die tschechischen Behörden davon überzeugten, daß wir keinen Typhus hatten. Wir waren natürlich ungeduldig. Am 12. Mai fanden wir uns im Freien, in der Sonne sitzend, wartend auf den Zug, der uns nach Prag führen würde ... und immer noch etwas ungläubig, daß alles zu Ende war, wirklich zu Ende war. Und alles weitere von diesem Augenblick an, das ist schon eine andere Geschichte."

Am 8. Mai 1945 erreichten die ersten Einheiten der Roten Armee Theresienstadt.

XII. Das Schicksal der Ghettohäftlinge

Gesamtzahl der Internierten bis 1945	155.000
Im Ghetto gestorben	35.000
Der Gestapo übergeben	336
Von 1940–1945 in der Kleinen Festung inhaftiert	32.000
In der Kleinen Festung gestorben	2.600
In Vernichtungslager deportiert	83.000
Überlebende aus den Vernichtungslagern	3.097
Freigelassen in die Schweiz	1.200
Freigelassen nach Dänemark	311
Am 9. Mai 1945 in Theresienstadt	16.832

Marsch vom Bahnhof Bauschowitz zum Ghetto

ZWEITER TEIL

EIN RUNDGANG DURCH DAS GHETTO

Das Tschechische Knabenheim L 417, heute Ghetto-Museum

1

[Komenského / seinerzeit Hauptstraße]

In diesem ehemaligen Schulgebäude wurde Ende 1942 ein Heim für 350 tschechisch sprechende Knaben eingerichtet. Die ursprüngliche Einteilung des Hauses in Klassenzimmer ist allerdings nicht mehr zu erkennen, und der Turnsaal, in welchem u.a. die Proben zur Oper *Die verkaufte Braut* abgehalten wurden, ist heute ein Kinosaal.

In jeder „Klasse" wohnten bis zu 40 Kinder auf dreistöckigen Holzpritschen. Alle diese Gruppen hatten einen oder auch mehrere Erzieher, welche der Gruppe ihr besonderes Gepräge verliehen. Im Zimmer Nr. 1, das sich „Republik Schkid" nannte (eine Abkürzung von „Schola Imeni Dostojewskowo", einem prominenten Petersburger Waisenhaus), war unter dem Einfluß des Erziehers Prof. Walter Eisinger eine kommunistische Ideologie vorherrschend. Dieses Zimmer erlangte nach dem Krieg eine gewisse Bekanntheit durch die von den Zöglingen zwei Jahre lang herausgegebene und vollkommen erhalten gebliebene Zeitschrift *Vedem*. Das Zimmer Nr. 5 hieß „Dror" (hebräisch: Freiheit), und der Erzieher Ernst Klauber, auch „Schmudla" genannt, war bemüht, seinen Zöglingen zionistische Inhalte zu vermitteln. Zimmer Nr. 7 trug den Namen „Nescharim" (hebräisch: Adler). Durch ihren Erzieher Franta Meier standen die Zöglinge hier ebenfalls unter dem Einfluß der zionistischen Ideologie. In diesem Zimmer erschien lange Zeit die Zeitschrift *Rim Rim Rim*.

Obwohl sich das Knabenheim nicht außerhalb der Ghetto-Mauern befand und selbst der Unterricht heimlich stattfinden mußte, bedeutete L 417 dennoch für Hun-

Das damalige Tschechische Knabenheim L 417, heute Ghetto-Museum

Jehuda Bacon: Zimmer Nr. 5

derte von Kindern ein vor der grausamen Wirklichkeit zumindest teilweise geschütztes Stückchen Welt. Jehuda Bacon war einer der Zöglinge in Nr. 5:

„Ich kam ins Heim L 417, und mein erster, überraschender Eindruck war, daß alle Jungen das Haar zu einer Glatze geschnitten trugen und zwar, wie man mir später erklärte, wegen der Verlausungsgefahr. Zuerst wurde ich im Zimmer Nr. 10 einquartiert und dann im Zimmer Nr. 5. Hier waren alle im Alter von 13 bis 14 Jahren. Unterricht erhielten wir im geheimen, in den Zimmern, wobei einige immer draußen Wache hielten, um die Schüler vor einem etwaigen plötzlichen Besuch der Deutschen zu warnen. Ich fühlte mich sehr gut im Zimmer Nr. 5. Stolz trugen wir den Namen ‚Dror' – Freiheit. Der Vater eines unserer Kameraden war Leiter einer Nähstube, wo uns ein blau-weißes Fähnlein mit einem daraufgestickten Vogelmotiv genäht wurde, welches heute im Museum des Bejt Terezín in Givat Haim Ichud, Israel, zu sehen ist. In dieser Nähstube wurden für uns auch Matrosenmützen genäht und darauf das gleiche Vogelmotiv. Wie erschüttert war ich, als mir in Auschwitz Freunde, die in der sogenannten ‚Kanada' arbeiteten, also dort, wo man die Habseligkeiten der Ermordeten einsammelte, einige solcher Mützen brachten. Sogleich wußte ich, welches Schicksal sie getroffen hatte."

Erst die sogenannte „Samtene Revolution", das ist der Sturz des tschechoslowakischen kommunistischen Regimes im November 1989, ermöglichte die Gründung eines Museums. Das Museum Památník Terezín wurde am 17. Oktober 1991 eröffnet – fünfzig Jahre nachdem die ersten Häftlinge aus Prag nach Theresienstadt gebracht wurden. Auf der Tafel über dem Eingang steht „Jiskor" (hebräisch: „Zum Gedenken") – zur Erinnerung an alle, die während des Zweiten Weltkriegs hier im Ghetto inhaftiert waren.

Památník Terezín: Museum und Gedenkstätte in Theresienstadt

Besuch im Museum

Ausstellungen A

Die historische Exposition im ersten Stockwerk beleuchtet nicht nur das Leben der Häftlinge im Ghetto, sondern auch die Stellung Theresienstadts innerhalb der Todesmaschinerie, welche von den Nationalsozialisten zur „Endlösung der Judenfrage“ aufgebaut worden war. Hunderte von Dokumenten, Photographien, Zeichnungen und Modellen führen dem Besucher eindringlich die Tragödie vor Augen, die über Millionen Menschen gebracht wurde. Im Erdgeschoß befindet sich zudem eine kleine Galerie, in der eine Auswahl künstlerischer Werke zu sehen ist, die von Häftlingen und auch von Kindern im Ghetto geschaffen wurden. In allen Ausstellungsräumen werden Zeitzeugenberichte gezeigt.

Filmvorführungen B

Dokumentarfilme sind ein weiteres Informationsangebot des Museums Theresienstadt. Fünf Filme werden regelmäßig vorgeführt:

1. *Der Führer schenkt den Juden eine Stadt* – dieser Film zeigt Bruchstücke aus dem zur Zeit der sogenannten „Verschönerungsaktion“ hergestellten Propagandafilm unter Regie von Kurt Gerron (12 min. Laufzeit).
2. Der Film *Hier gibt es keine Schmetterlinge* ist dem Andenken der Kinder im Ghetto Theresienstadt gewidmet. Er zeigt u.a. Kinderzeichnungen aus dem Ghetto (14 min. Laufzeit).
3. *Eingekerkerte Träume* – ein Animationsfilm, hergestellt aus Motiven der Kinderzeichnungen (20 min. Laufzeit).
4. Ein Dokumentarfilm über die Kleine Festung (31 min. Laufzeit).
5. Ein Film über die Geschichte des Ghettos in Theresienstadt (31 min. Laufzeit).

Foyer C

Das dreidimensionale Modell des Ghettos im Museums-Vorraum zeigt die Lage der verschiedenen Stätten. Hier finden wechselnde Ausstellungen statt. Die pädagogische Abteilung ist ein integraler Bestandteil des Museums. Sie ermöglicht den Besuchern u.a., sich über ehemalige Häftlinge und deren Schicksal zu informieren. In der Hauptsache konzentriert sich diese Abteilung jedoch auf

Bildungsprogramme, Jugendarbeit und -austausch sowohl für Jugendgruppen aus Tschechien als auch für solche aus dem Ausland. Zum Angebot gehören Gesprächsrunden mit Überlebenden, Vorträge oder auch das Studium historischer Dokumente im Archiv des Hauses.

Zweigstellen des Ghetto-Museums **D**

Ende 1997 wurden zusätzliche Ausstellungsstätten eröffnet, die dazu bestimmt sind, dem Besucher ein authentisches Bild vom alltäglichen Leben im Ghetto zu vermitteln. In der restaurierten Magdeburger Kaserne wurde eine der ehemaligen Wohnstätten für Frauen restauriert sowie ein Theatersaal auf dem Dachboden eingerichtet. Daneben gibt es Ausstellungen zu den Themen „Musik im Ghetto", „Literarisches Schaffen im Ghetto" sowie „Theater und bildende Kunst im Ghetto" (siehe Nr. 31).

Weitere Zweigstellen des Ghetto-Museums befinden sich im Krematorium und im Kolumbarium (siehe Nr. 39 und 40).

Öffnungszeiten:
Museum und Magdeburger Kaserne:

November–März	9.00–17.30 Uhr
April–Oktober	9.00–18.00 Uhr

Kolumbarium und Totenkammern:

täglich	9.00–17.00 Uhr

Krematorium:

November–März	10.00–16.00 Uhr
April–Oktober	10.00–17.00 Uhr

Alle Einrichtungen sind vom 24.12. bis 26.12. sowie am 1.1. geschlossen.

Das Rathaus Q 619 **2**

[B. Němcové / seinerzeit Rathausgasse]

An der Nordseite des Hauptplatzes befindet sich das Rathaus. Der Empirebau trägt über dem Eingang das Stadtwappen. Während des Zweiten Weltkrieges war hier die Bank und das Gericht des Ghettos untergebracht. Die Mansarden unter dem Dach dienten als Unterkünfte. Nach der Befreiung des Ghettos bezog die Sowjetkommandantur ihren Sitz in diesem Gebäude. Eine Gedenktafel erinnert an deren Bemühungen um die Bekämpfung der Typhusepidemie 1945, eine andere ruft die Opfer des kommunistischen Regimes ins Gedächtnis. Heute sind im Rathaus wieder das Stadtamt, die Polizei und ein Informationszentrum eingerichtet.

Das Rathaus, seinerzeit Bank der jüdischen Selbstverwaltung

Der Hauptplatz 3

[náměstí Československé Armády / seinerzeit Marktplatz]

Der 200 mal 100 m große Hauptplatz bildet das stadtplanerische Zentrum der Festungsanlage. Er war während der Zeit, in der Theresienstadt als k. u. k. Garnisonsstützpunkt fungierte, Schauplatz der üblichen Militärparaden.

Für die Ghettohäftlinge war der Hauptplatz damals verbotenes Territorium. Nur Lagerinsassen, die in den Werkstätten für die deutsche Armee Zwangsarbeit leisten mußten, hatten Zugang zu den hier aufgestellten Holzbaracken. Die großen Rasenflächen, die man heute noch sieht, sind im Rahmen der „Verschönerungsaktion" von den Häftlingen angelegt worden.

Mit der Zeit verstärkten verschiedene Organisationen, darunter das Internationale Rote Kreuz, den Druck, die Orte, an denen Juden konzentriert wurden, besuchen zu dürfen. Die Organisatoren der „Endlösung" wählten Theresienstadt. In Vorbereitung auf die Besichtigung wurde die sogenannte „Verschönerungsaktion" in Szene gesetzt. Weder an Geld noch an Arbeitskraft wurde gespart, um das Aussehen des Ghettos zu verbessern. So ließen die deutschen Behörden beispielsweise ein Kinderheim bauen, das mit neuen Schlafstätten, Waschräumen, einem Spielplatz sowie einem Schwimmbecken ausgestattet wurde. In den Gassen hingen schön gemalte Schilder, und die Quartiere in den Erdgeschossen, an denen die Abordnung vorbeikommen sollte, mußten neu geweißt werden, damit bei einem flüchtigen Blick durchs Fenster nicht sogleich das schmutzige Elend zu sehen sei.

Der bisher den Häftlingen verbotene Hauptplatz war jetzt freigegeben. Besagte Rasenflächen nebst einem Rosenbeet wurden angelegt, rings um den Platz eröffneten Geschäfte mit eleganten Schaufenstern, daneben fanden sich Kaffeehäuser und ein Pavillon, in dem ein Kurorchester fröhliche Weisen spielte. Während dieser „Verschönerungsaktion" gingen die Transporte „nach Osten" jedoch ununterbrochen weiter, mit dem Ziel, die Bevölkerungszahl zu senken und insbesondere die Alten und Kranken dem Blick der Besucher zu entziehen. Insgesamt 15.000 Häftlinge wurden nach Auschwitz verschickt und dort im sogenannten „Familienlager" festgehalten, das gegebenenfalls als ein normales Arbeitslager zur Schau gestellt worden wäre. Nachdem sich eine solche Präsentation als überflüssig erwies, wurde das Familienlager aufgelöst, fast alle seine Häftlinge wurden ermordet.

Am 23. Juni 1944 traf die Abordnung des Internationalen Roten Kreuzes mit Vertretern aus der Schweiz, Dänemark und Deutschland in Theresienstadt ein. Auch eine Delegation des deutschen Außenministeriums war angereist. Der Besuch dauerte von 12 Uhr vormittags bis 6 Uhr abends. Wie zufällig begegnete den Inspekteuren im Vorbeigehen eine Gruppe sonnengebräunter Landwirtschaftsarbeiterinnen, und die Kinder in ihrem neuen Heim riefen: „Onkel Rahm, schon wieder bekommen wir Sardinen." Die Abordnung sah auch eine Vorstellung der Kinderoper *Brundibár*. Aber sie sahen nichts von den engen Massenquartieren der Häftlinge, nichts von den elenden Behausungen der Alten, sie erfuhren nichts über Hunger und Krankheit im Ghetto, und sie sahen weder die Kartei der Transporte noch die tausenden Büchsen mit der Asche der Verstorbenen. In ihrem Protokoll beschrieben sie Theresienstadt als einen Ort wie viele andere, eine beachtenswerte, saubere, jüdische Stadt, deren Einwohner keineswegs an Unterernährung litten. Es war ein durchaus gelungener Betrug. Wie es nach der Visitation weiterging, davon berichtet Karl Hofer, der selbst bei den erwähnten Dreharbeiten mithelfen mußte:

> „... Nach dem Besuch verschwand der ganze Zauber ebenso schnell, wie er entstanden war: Das Kurorchester spielte nicht mehr, man durfte nicht mehr ruhig auf den Bänken sitzen, und der vorgetäuschte Wohlstand verwandelte sich wieder in den gewohnten, grauen, schmutzigen, elenden Alltag des Ghettos Theresienstadt. Nach dem Besuch ließ das Propagandaministerium einen Film drehen, mit dem Titel: *Der Führer schenkt den Juden eine Stadt*. Nach der Beendigung der Dreharbeiten waren die 60.000 Statisten überflüssig geworden, und zur ‚Belohnung' wurden sie in die Gaskammern von Auschwitz verschickt. Auch die süßen Kinder, die so liebevoll gefilmt worden waren, bezahlten mit ihrem Leben."

Die Garnisonskirche auf dem Theresienstädter Hauptplatz

Das Deutsche Knaben- und Mädchenheim L 414 **4**

[náměstí Československé Armády / seinerzeit Marktplatz]

In der Zeit als Festungsstadt hatten in dem klassizistischen Repräsentationsbau neben der Kirche die Kommandantur und die Hauptwache ihre Räume. Die SS nutzte den Bau bis August 1942 ebenfalls für das Lagerkommando. Anschließend wurde das Haus zum Heim für deutschsprachige Jugendliche bestimmt, im Unterschied zu L 410 und L 417, in denen tschechischsprachige Jungen und Mädchen wohnten. Hier in L 414 gab es sowohl Jungen als auch Mädchen, die zwar nicht die gleichen Räume bewohnten, die sich aber gemeinsam am Unterricht und den sonstigen Aktivitäten beteiligten.

Jedes Zimmer hatte einen Namen, meist einen hebräischen. Auch die Arbeitsgruppen hatten Namen, wie z.B. „Plugah“ (hebräisch: Arbeitskompanie). Die unterschiedlichen Aktivitäten nannte man „Tarbut“ (hebräisch: Kultur). Jedes Zimmer hatte seine Erzieherin oder seinen Erzieher, die verantwortlich waren für alles, was dort vorging. Der Heimleiter, Zikmund Kvasnievski, beschrieb die Aufgabe folgendermaßen:

> „Erzieher/Erzieherin, das ist ein Titel für jemanden, der viele Aufgaben zu erfüllen hat: Er muß ein Lehrer sein, Pfleger, Erzieher, Anführer einer Jugendgruppe und manchmal der Stellvertreter der Eltern.“

Zur Zeit des Ghettos befand sich in diesem Gebäude auch das Postamt.

Das damalige Deutsche Knaben- und Mädchenheim L 414

Die Garnisonskirche 5

[náměstí Československé Armády / seinerzeit Marktplatz]

Die Garnisonskirche „Zur Auferstehung des Herrn" bildet mit ihrem 56 m hohen Turm einen markanten Abschluß des Hauptplatzes nach Osten hin. Sie wurde zwischen 1805 und 1810 erbaut und ist ein typisches Beispiel klassizistischer Architektur. Das Kreuzigungsbild am Altar stammt von Josef Bergler. An der nördlichen Außenwand ist eine Tafel angebracht, die sich vormals an dem inzwischen abgebrochenen Leitmeritzer Tor befand: Sie erinnert an die Namensgebung der Stadt zu Ehren Maria Theresias. Zur Zeit des Ghettos war die Kirche auch Häftlingen christlichen Glaubens verschlossen. Der Bau wurde vor kurzem renoviert.

Das Tschechische Mädchenheim L 410 6

[náměstí Československé Armády / seinerzeit Marktplatz]

Das klassizistische Gebäude aus dem Jahr 1788 bildet das bauliche Pendant zur Festungskommandantur auf der anderen Seite der Kirche. Der sogenannte „Offizierspavillion" wurde vor dem Zweiten Weltkrieg als Schul- und Pfarrhaus genutzt.

Seit Juli 1942 diente das dreistöckige Haus als Heim für tschechischsprachige Mädchen im Alter von zwölf bis achtzehn Jahren. In zwanzig Zimmern und Sälen von 30 bis 70 m^2 Größe waren etwa 360 Heranwachsende untergebracht. Neben einem Waschraum verfügte L 410 auch über zwei Hilfsküchen. Oberstes pädagogisches Ziel im Mädchenheim

Blick auf die Garnisonskirche „Zur Auferstehung des Herrn"

war die Erziehung zum Kollektiv, dessen Grundeinheit das Zimmer – genannt „das Heim" – darstellte. In jedem „Heim" befanden sich zwanzig bis vierzig gleichaltrige Mädchen. Eine Achtzehnjährige schrieb an Zuhause:

> „Liebe Mutti!
> Die Beschreibung der Bedingungen, unter denen wir hier leben, würde Dir keine Freude bereiten. Um alles wahrheitsgetreu zu berichten, müßte ich von der Sinnlosigkeit dieses Lebens erzählen, steril und regressiv, wo es sich doch auf so vielerlei fruchtbaren Wegen hätte entfalten können. Die Tage vergehen in armseliger Eintönigkeit, ziellos, und nur süße Erinnerungen an die Vergangenheit und wunderbare Träume von der Zukunft geben uns die Kraft zum Weiterleben. Mit allen Kräften sehnen wir uns fort von hier, weit hinweg von diesem Ort. Aber dann gibt es einen Stich im Herzen, und es zieht mich hierher zurück. Es ist die Freundschaft zwischen uns Mädchen hier im Heim. Wir haben gelernt zusammenzuleben, wir sind eine Gemeinschaft. Gemeinsam tragen wir Gutes und Böses, Freude und Trauer, und es fiele mir schwer, mich von ihnen zu trennen."

An der Gebäudefront findet sich ein Hinweis auf das kulturelle Leben im Ghetto: „Unter schweren Lebensbedingungen, bei Hunger, schwerer Arbeit und brutaler Behandlung, sind Kulturdarbietungen eine mächtige Ermutigung und Stütze der Häftlinge geworden. Im Keller dieses Gebäudes wurde Verdis *Requiem*, *Die verkaufte Braut* von Smetana sowie andere Werke von den Häftlingen eingeübt. In Theresienstadt wurde auf Dachböden und in Kellerräumen Theater gespielt, Konzerte und Vorträge gehalten, Verse vorgetragen."

Im Hof hinter dem Haus befand sich seinerzeit ein Apfelgarten, zu dem der Zutritt jedoch von der SS verboten worden war. Dieser Garten existiert heute nicht mehr. Im Südflügel des Hofes befindet sich zudem die Tür zu einem vermauerten Zimmer: Hier war das

Das damalige Tschechische Mädchenheim L 410

Atelier der Zeichnerin und Lehrerin Friedl Dicker-Brandeis (siehe S. 51 und 80). Das Gebäude und der Hof können besichtigt werden.

Als im Frühjahr 1945 eine Flecktyphusepidemie in Theresienstadt ausbrach, wurde L 410 in ein Krankenhaus umgewandelt. Hanka Hahn, eine Insassin des Heims, arbeitete freiwillig bei den Kranken und fand hier den Tod.

Das Kaffeehaus Q 418 **7**

[náměstí Československé Armády / seinerzeit Neue Gasse]

Im Dezember 1942 eröffnete im Haus Q 418 ein Kaffeehaus. Es bot etwa hundert Personen Platz. Zu Ersatzkaffee oder -tee konnte man hier Musikern oder Kabarettisten lauschen – allerdings höchstens zwei Stunden, denn nur so lange galt die Eintrittskarte, die zum Betreten des Kaffeehauses verlangt wurde.

Die Deutsche Kommandantur Q 414 **8**

[náměstí Československé Armády / seinerzeit Neue Gasse]

Dieses um 1890 errichtete und 1935 umgebaute Haus beherbergte anfangs die tschechische Vorschußkasse. Ab August 1942 wehte über dem Haus mit der Nummer Q 414 die schwarze Fahne der SS-Kommandantur.

Die wahren Herren über Leben und Tod der Einwohner Theresienstadts waren die Männer der SS, an deren Spitze nacheinander die Offiziere Dr. Siegfried Seidel, Anton Burger und Karl Rahm standen. Der SS-Terror, ein gut durchdachtes System von Befehlen, Verboten und Strafen, war ständiger Begleiter im Ghettodasein. Mit seiner Anwendung und mit den jüdischen Scheininstitutionen hatten die NS-Behörden ein perfide ausgeklügeltes System der Machtausübung errichtet, das den Mitgliedern des Ältestenrates die

Alfred Kantor: Kaffeehaus am Platz

Die Lagerkommandanten Siegfried Seidel (links) und Karl Rahm (rechts)

Illusion einer gewissen Autonomie beließ, während in Wirklichkeit ihre totale Unterwerfung jederzeit möglich war. Tatsächlich nämlich verzichteten die Deutschen auf keinerlei Befugnis, doch sie fanden es zuweilen bequem, sich hinter dem Rücken des Ältestenrates zu verbergen.

Der Eingang zu den Kellern befindet sich an der Südseite des Hauses. In den Kellern befanden sich die berüchtigten „Bunker", Gefängniszellen, in denen Ghettoinsassen gefoltert wurden. Mira Červenka wohnte damals im Haus gegenüber:

> „Diesem Haus gegenüber stand das Gebäude der Kommandantur, dessen Keller als ein provisorisches Gefängnis für die jüdischen Häftlinge diente, welche nicht alle Anordnungen der deutschen Behörden eingehalten hatten. Und von Zeit zu Zeit waren von dort unten die Schreie der von den SS-Männern Verhörten und Gefolterten zu hören."

Heute ist das Haus wie zu seiner Anfangszeit Sitz einer Sparkasse.

Die damalige SS-Lagerkommandantur

Das Pionierinnenheim L 309 **9**

[Prokopa Holého 81 / seinerzeit Lange Straße]

Die Mitglieder der zionistischen Jugendbewegungen (sogenannte „Chalutzim", hebräisch: Pioniere) im Ghetto Theresienstadt sahen sich wichtigen Aufgaben gegenüber. Die Leitung des Ghettos ermöglichte es den Chalutzim zusammenzuwohnen, ein Leben im Kollektiv zu führen und ihre Moral aufrechtzuerhalten.

Im Ghetto gab es einige Hundert solcher Chalutzim. Im Frühjahr 1943 wurde eine Art Zählung durchgeführt, um ihre Stärke festzustellen. Jedes Mitglied wurde verpflichtet, 40 g Zucker in eine gemeinsame Kasse abzuliefern (die wöchentliche Zuteilung für eine Person betrug 70 g). Auf diese Art zählte man ungefähr 1.000 Mitglieder, die einen Schatz von 40 kg Zucker als Hilfe für kranke Kameraden zusammenbrachten.

Eine dieser Kommunen lebte, das erwähnt Mira Červenka, im Haus L 309.

> „Das Heim der Chalutzot befand sich im Haus L 309, im ersten Stock, in einer Dreizimmerwohnung. Vierzig Mädchen wohnten hier, die alle tagsüber vielstündige, schwere Arbeiten verrichteten. Trotzdem waren die Abende mit vielfältigen pädagogischen und kulturellen Tätigkeiten ausgefüllt."

Zdenka Manuelová, selbst eine der Chalutzot, der Frauen jener Arbeiterbewegung, berichtet vom Alltag in dieser Lebensgemeinschaft:

> „Wir wohnten in L 309, sieben Mädchen in einem winzigen Zimmer. Am Anfang schliefen wir auf dem Fußboden, und später tauschten wir Gemüse für Bretter ein und bauten uns hölzerne Betten. Das Gemüse hatten wir aus dem Gemüsegarten, wo wir arbeiteten, ins Ghetto geschmuggelt. Trotz der Enge kamen wir sehr gut miteinander aus. Wir halfen eine der anderen, so gut wir konnten. Von Zeit zu Zeit erschien ein SS-Mann und jagte uns aus dem Zimmer. Alle Bewohner des Hauses mußten sich in einem Raum versammeln und wurden abgezählt, und wenn jemand fehlte, dann erhielten wir ‚Lichtsperre', das heißt, wir durften keinerlei Licht anzünden. Im Winter, wenn bereits nachmittags um vier die Dunkelheit hereinbrach, war es sehr schwer, die vielen Stunden untätig dazusitzen. Nava Shan, die Schauspielerin, wohnte bei uns und rettete manchmal die Lage mit zahlreichen Deklamationen von Dichtungen und aus Theaterstükken. Alles, was wir erhielten, teilten wir unter uns. So zum Beispiel erkrankte ich einmal an Gelbsucht, und meine Freundin, Mimi Meissner, erkrankte gleichfalls mit hohem Fieber, und auch sie erhielt eine Zulage (ein wenig Margarine, einen Löffel Zucker), das alles teilten wir zwischen uns. Wenn eine unserer Kameradinnen mit einem der Transporte verschickt wurde, gaben ihr alle etwas mit auf den Weg. Wir wußten ja nicht, daß man ihnen dann alles wegnimmt. Was uns aufrecht erhielt, das war hohe Moral und gegenseitige Hilfe."

Wir finden das Haus heute in der Prokopa Holého 81, nichts erinnert an damals.

Die Geniekaserne E III a **10**

[náměstí Československé Armády 84 / seinerzeit Neue Gasse]

Ebenfalls am Hauptplatz liegt die ehemalige Geniekaserne, die auch „Haus der Ingenieure" genannt wurde. Es war das erste fertiggestellte Gebäude der Festungsstadt. Hier hatte die Leitung des Geniekorps, also der Festungsbauingenieure, ihre Unterkunft.

Von März bis Juni 1942 war die Geniekaserne Sitz des Umsiedlungsamtes, das die Aussiedlung der tschechischen Bewohner aus

Die Geniekaserne hinter den Bäumen des Hauptplatzes

Theresienstadt organisierte, um ab Juli 1942 die ganze Stadt als Konzentrationslager zu benutzen. Während der Ghettozeit wurden in der Geniekaserne alte und kranke Häftlinge von ausgebildeten Mitinsassen versorgt, hier fanden aber auch Kultur- und Bildungsveranstaltungen statt.

Auf dem Dachboden des Gebäudes ist eine hebräische Inschrift erhalten. Dort versammelten sich gläubige Juden zum Gebet. Heute befindet sich in dem Haus die Sozialfürsorge.

Der Sitz der Ghettowache L 315 **11**

[náměstí Československé Armády / seinerzeit Lange Straße]

Das Gebäude, dessen Baustil an Renaissancearchitektur erinnert, diente den deutschen Einwohnern der ehemaligen Festungsstadt als Vereinshaus. Später wurde hier das Militärkasino eingerichtet. Zur Zeit des Ghettos war in dem Haus die jüdische Ghettowache stationiert, die für die innere Ordnung im Lager zu sorgen hatte. Da die SS-Kommandantur die zwar unbewaffnete, aber gut organisierte Wache als Bedrohung empfand, wurde sie 1943 aufgelöst und alle Mitglieder, vorwiegend junge Männer, in Vernichtungslager deportiert. Eine neue Wache wurde aus älterem Personal zusammengestellt. Im großen Saal des Hauses fanden kulturelle Veranstaltungen statt. Bis heute dient der Bau als städtisches Kulturhaus.

Das Kinderhaus L 318 **12**

[náměstí Československé Armády / seinerzeit Lange Straße]

Für Kinder von drei bis zehn Jahren gab es ein Haus mit ungefähr 100 Betten. Hier befand sich auch jene Küche, in der für alle Kinder des Ghettos gekocht wurde, sowohl für diejenigen, die in den verschiedenen Heimen wohnten, als auch für die, die in den Kasernen unter der Obhut ihrer Mütter geblieben waren.

Die Kinder waren in Altersgruppen eingeteilt. Jede Gruppe hatte ihr Zimmer, in dem zehn bis zwanzig Kinder mit zwei oder drei Pflegerinnen wohnten, die meist sehr jung und ohne pädagogische Ausbildung waren, aber voll guten Willens. Ein Teil der Kinder kam aus dem jüdischen Waisenhaus in Prag, andere hatten Eltern in Theresienstadt, welche an den Abenden ihre Kinder besuchen konnten. Die Kinder schliefen auf dreistöckigen Bettstellen. Kleine, eiserne Öfen erwärmten notdürftig die Räume, und im Winter herrschte hier große Kälte. Die Ernährung war ärmlich.

Auch den Zöglingen von L 318 blieben die Transporte nicht erspart. Kinder kamen und wurden wieder verschickt, unaufhörlich veränderte sich die Zusammensetzung in den Heimen. Schosch Fröhlich war eines der Kinder aus L 318:

„Siebeneinhalb Jahre war ich alt, als ich nach Theresienstadt kam. Einer der tschechischen Gendarmen sagte: ‚Wie wir hören, gibt es

Heute befindet sich in L 318 das Postamt

hier ein krankes Mädchen.' Und sie brachten mich sogleich ins Kinderhaus L 318. Hier waren Kinder von 3 bis 10 Jahren. Ich erinnere mich an eine der Erzieherinnen und wie ich ihre zwei Töchter beneidete, als sie ihnen Kekse gab aus Paketen, die ihre Familie erhalten hatte, und wir bekamen nichts. Ich schlief auf einer Holzpritsche. In den Nächten war es sehr kalt. Alle zwei Wochen führte man uns zur ‚Bastei'. Dort spielten und turnten wir. Auch Feiertage verbrachten wir dort. Am Passahfest veranstalteten wir eine Aufführung: *Die zehn ägyptischen Plagen.* Ich stellte eine Blume dar. Wir sangen ein hebräisches Lied über den Auszug aus Ägypten und verstanden natürlich kein Wort, und ich wußte gar nicht, was wir da eigentlich feierten. Erst später in Israel brachte ich das, was wir dort feierten, mit dem Passahfest in Verbindung. Ich galt als Waise, denn ich hatte keine Eltern in Theresienstadt. Eine Familie, Willi und Gretka Kantor, nahm sich unsrer *(gemeint sind insgesamt fünf Kinder aus diesem Heim)* an. Willi war in der Ghettoleitung einer der Verantwortlichen für die Transporte. Manchmal wurde ich zu ihnen eingeladen, und sie veranstalteten für mich sogar eine Geburtstagsfeier, und ich bekam Kuchen und einen Mantel. Es war ein gutes Gefühl, hier so eine Art Eltern zu haben.

Nahe dem Kriegsende geschah etwas sehr Unangenehmes. Alle Kinder aus L 318 mußten die Asche der Verstorbenen aus dem Kolumbarium herausschaffen. Wir bildeten eine Kette und reichten eine der anderen die Büchsen, deren Inhalt dann in den Fluß geschüttet wurde. Diese Dinger erinnerten uns an Mazzotpakete *(d.i. ungesäuertes Brot, das traditionell am Passahfest gegessen wird)*, wegen des aufgedruckten Davidssterns und den hebräischen Buchstaben. Am Abend erhielten wir dann in der Küche einen kleinen Zuschuß für diese Arbeit. Aus dem Kinderhaus gingen die ganze Zeit Kinder in die Transporte ‚nach Osten'.

Aber ich blieb immer zurück. Ich erinnere mich, wie ich die Kinder zur Abfahrt begleitete. Ich beneidete sie – warum bekam nicht auch ich eine Nummer umgehängt, warum durften sie fort und ich mußte hierbleiben? Kinder kamen und gingen, und schließlich wurden wir in L 318 immer weniger, bis man uns in ein anderes Kinderhaus überführte. Ich blieb in Theresienstadt bis zum Ende, und so blieb ich am Leben. Unser ‚Adoptivvater' wußte wahrscheinlich, wohin die Transporte gehen, und er ließ die Namen von uns fünf Kindern nicht in den Listen erscheinen. Und so blieben wir hier bis zur Befreiung und konnten zurückkehren, nach Hause."

Nur wenigen Bewohnern des Kinderhauses L 318 war es beschieden, das Kriegsende zu erleben.

Das Kinderhaus befand sich an der südwestlichen Ecke des Hauptplatzes, dort, wo heute das Postamt zu sehen ist.

Statue im Park der Kinder

Der „Park der Kinder" 13

[Máchova / seinerzeit Lange Straße]

Neben dem Kinderheim L 318 ist der Eingang zum Hof des Ghetto-Museums (Kinderheim L 417), heute „Park der Kinder" genannt. Im südlichen Teil des Hofes sind zwei Gedenktafeln angebracht.

Gedenktafel für Fredy Hirsch A

Fredy Hirsch, ein zwanzigjähriger Turnlehrer und Mitglied der zionistischen Jugendbewegung „Makabi Hazair", gelangte 1938 als Flüchtling aus Deutschland nach Prag. Er war hochgewachsen, von angenehmem Äußeren, aufrechtem Gang und einer außerordentlichen Körperkraft. In Prag übernahm er innerhalb der jüdischen Jugendorganisationen die Leitung der sportlichen Aktivitäten. Er sah in der durch Sport und Spiel erlangten körperlichen Ertüchtigung und Selbstbeherrschung ein hohes pädagogisches Ziel. Nach Theresienstadt kam Fredy Hirsch mit der Gruppe AK II. Auch hier erhielt er den Auftrag, für die körperliche Ertüchtigung der Jugend zu sorgen. Dank seiner Verbindungen zum Kommandanten des Ghettos bekam er die Erlaubnis, auf den breiten Festungsmauern, den „Bastionen", ein Spielfeld einzurichten, das dann für vielerlei Sportarten genutzt wurde. Auf dem Weg zu den außerhalb des Ghettos inhaftierten Kindern aus Bialystock (vgl. Kapitel XI sowie Rundgang Nummer 28) wurde er

Gedenktafel für Fredy Hirsch

gefaßt und im September 1943 nach Auschwitz verschickt. Dort, im sogenannten „Familienlager", richtete Fredy Hirsch ein Heim in einer Baracke ein, die zu manchen Zeiten mit bis zu 600 Kindern im Alter von fünf bis vierzehn Jahren überfüllt war. Auch hier bemühte er sich mit einer Gruppe engagierter Erzieher um das Wohl der Kinder. Dort lernte Kolmann ihn kennen:

> „Fredy tat alles, was er nur konnte, für die Kinder, hingebungsvoll, von ganzem Herzen. Restlos bemühte er sich, ihnen das Leben unter den furchtbaren Bedingungen in Auschwitz zu erleichtern. Man kann sagen, daß die Kinderbaracke des Familienlagers der einzige Ort war, wo noch ein wenig Menschlichkeit herrschte. Aber am 3. März kam das Ende. Der ganze Dezembertransport von 1943, über 4.000 Juden aus Theresienstadt, wurde in die Gaskammern geschickt. Es wird berichtet, daß Fredy von den Deutschen das Angebot erhielt, im Lager zu bleiben und sich so zu retten. Doch er lehnte ab und ging zusammen mit den Kindern in den Tod."

Mit dieser Entscheidung blieb Fredy Hirsch seinen kleinen Schützlingen bis in den Tod treu.

Gedenktafel „Drei Frauen" **B**

Im gleichen Hof befindet sich eine weitere Gedenktafel. Sie ist dem Andenken dreier Frauen gewidmet, die sich um die Fürsorge und Erziehung der Kinder im Ghetto Theresienstadt besonders verdient gemacht haben.

Ottla David-Kafka (1892–1943), die jüngste Schwester Franz Kafkas – in dessen Werk, zumindest für zahlreiche Überlebende des Holocaust, eine Vorahnung des Kommenden herauszulesen ist –, arbeitete im Ghetto als Kinderpflegerin. Im Sommer 1943 war sie eine der Pflegerinnen der 1.200 Kinder aus Bialystock, die plötzlich von der SS nach Theresienstadt transportiert und außerhalb der Ghettomauern in Holzbaracken untergebracht worden waren. Sechs Wochen nach ihrer Ankunft wurden diese Kinder und das ihnen zugeteilte Personal nach Auschwitz deportiert und in den Gaskammern ermordet.

Kafkas Schwester Ottla

Friedl Dicker-Brandeis (1898–1944) arbeitete als Erzieherin im Mädchenheim L 410 und zeitweise auch im Knabenheim L 417. Ihr Bereich war die Kunsterziehung, und ihre Tätigkeit auf diesem Gebiet wurde zu einem der faszinierendsten Kapitel in der Geschichte der Kinder von Theresienstadt. Am 6. Oktober 1944 wurde Friedl Dicker-Brandeis nach Auschwitz deportiert und dort ermordet.

Luisa (Lola) Fischer (1905–1944) war die Sekretärin des Tschechischen Roten Kreuzes und eine enge Mitarbeiterin von Dr. Alice G. Masaryková, der Tochter des ehemaligen tschechoslowakischen Präsidenten und Mitbegründerin des Tschechischen Roten Kreuzes.

Am 2. Juli 1942 kam sie nach Theresienstadt und begann sogleich mit der Arbeit als Leiterin der Sozialpflege im Knabenheim L 417. Vom sogenannten Ghettogericht wurde ihr die Vormundschaft über elternlose Kinder im Ghetto anvertraut. Sie betrachtete es als ihre besondere Aufgabe, die jüngsten der Waisen in ihre Obhut zu nehmen, und es gelang ihr in vielen Fällen, „Ersatzeltern" ausfindig zu machen. Am 6. Oktober 1944 wurde sie zusammen mit ihren Eltern nach Auschwitz verschickt und dort ermordet. Pavel Zentner war eines der Kinder, um das sich Luisa Fischer gekümmert hatte:

> „Jahrzehnte sind seitdem vergangen, und an ihr Gesicht kann ich mich kaum mehr erinnern, aber die liebevolle Art, in der sie sich meiner annahm, bleibt mir für immer unvergeßlich. Als ich einen Lungenbefund hatte, bemühte sie sich monatelang um mein Wohlbefinden. Es ist mir unmöglich, die richtigen Worte zu finden für ihre heroische Tätigkeit, aber immer noch höre ich ihre weiche Stimme und gedenke ihrer liebevollen Pflege ... Eine Lehre für uns, daß im Leben eben solche gewöhnlich-außergewöhnlichen Menschen wie sie die Entscheidenden sind. ... Sie war unsere Mutter Theresa ..."

Eva Landová, 13 Jahre: Schneewittchen

Wandbeschriftung im Keller des Wohnhauses L 225

Die Synagoge in L 225 **14**

[Dlouhá 17/
seinerzeit Bahnhofstaße]

Vor einiger Zeit wurde in der Stadt eine Synagoge gefunden, deren Wände mit schönen Verzierungen bedeckt sind. Sie befindet sich in der Dlouhá 17, damals L 225. Die Besichtigung wird sehr empfohlen.

Die Sudetenkaserne E I **15**

[náměstí Dukelských hrdinů/
seinerzeit Seestraße]

Die sogenannte „Sudetenkaserne" hieß bis zur Okkupation durch die Nationalsozialisten „Artilleriekaserne". Sie befindet sich am westlichen Wall der Stadt, nahe beim Ausgang zum Friedhof. In die Kasernenmauer ist der Grundstein von Theresienstadt eingelassen, denn hier war es, wo auf Anordnung von Kaiser Joseph II. die Errichtung der Festungsstadt begann. Die Sudetenkaserne bildete auch die Urzelle des Ghettos: Am 24. November 1941 kam der erste Transport mit 342 jüdischen Häftlingen des Aufbaukommandos AK I hier an. Diese Gruppe bereitete die Kasernen der Stadt für die Aufnahme der folgenden Transporte vor.

Das Aufbaukommando fand die Kasernen in einem sehr vernachlässigten Zustand vor. Das einzige Mobiliar bestand aus einigen wackeligen Bettgestellen und Holzbänken. Im Erdgeschoß befanden sich Lagerräume und Überreste von Pferdeställen. In den oberen Stockwerken erwarteten die Häftlinge leere, heruntergekommene Säle. In der Sudetenkaserne sollten 5.000 Menschen einquartiert werden.

Den jungen Leuten vom ersten Aufbaukommando – AK I – hatte man zu verstehen gegeben, daß sie nur zum Arbeiten hierhergekommen seien und jedes Wochenende bei ihren Familien verbringen könnten. Daher hatten sie nicht einmal die nötigste, persönliche Ausrüstung mitgebracht.

Auch die erforderlichen Arbeitsgeräte waren nicht zur Stelle. P. R. Kraus war damals mit unter den ersten Ankömmlingen in Theresienstadt:

> „342 junge Juden sind auf dem Weg nach Theresienstadt. Wir fahren als ‚freie Arbeiter'. Aber bereits in der Station Bauschowitz wird uns klar, daß es mit der Freiheit zu Ende ist. Ein Dutzend tschechischer Gendarme mit aufgepflanztem Bajonett empfängt die Leute des AK und organisiert sogleich mit Geschrei und Püffen die Bildung von Fünferreihen, an ihrer Spitze der Kommandant Janaček, der sich später als ein elender Mitläufer der Nazis ausgezeichnet hat. Wir marschieren von Bauschowitz nach Theresienstadt. ‚Halt!' ruft Kommandant Janaček vor dem grauen, drohenden Tor einer Kaserne, dicht bei den Wällen der Stadt. Knarrend öffnet sich das Tor, und wir marschieren hinein. Von diesem Augenblick an sind wir nicht mehr eine Gruppe ‚freier Arbeiter'. An diesem Montag, den 24. November 1941 hat man uns betrogen, gefaßt, eingesperrt."

Bereits am 4. Dezember 1941 kamen die ersten großen Transporte mit insgesamt 1.000 Häftlingen, darunter auch das AK II, bestehend aus Ingenieuren, Ärzten, technischen Fachleuten, Verwaltungsbeamten sowie dem Kern der Selbstverwaltung mit Jakob Edelstein an der Spitze.

Eine Woche später wurden die Frauen und Kinder, die mit den ersten Transporten ankamen, von den Männern getrennt und in der Dresdner Kaserne einquartiert, in der Sudetenkaserne blieben die arbeitsfähigen Männer. Im Juli 1943 wurde die Kaserne geräumt, und Archivbestände des Reichssicherheitshauptamtes wurden hier, außer Reichweite der Luftangriffe

Außenansicht der damaligen Sudetenkaserne

auf Berlin, eingelagert. In Verbindung damit gelangten zahlreiche Berliner Beamte mit ihren Familien in Theresienstadt an.

Nach der Auflösung des Ghettos richtete man in der Sudetenkaserne eine Quarantänestation für Typhuskranke aus der Kleinen Festung ein. Zur Zeit besteht keine Möglichkeit, die Stätte zu besuchen.

Die gegenüberliegenden Häuser dienten 1942/43 als Wohnungen für „prominente Häftlinge" sowie für jene Juden, die aus Dänemark nach Theresienstadt deportiert worden waren. Eineinhalb Jahre lang hat man etwa 500 Dänen im Ghetto gefangengehalten. Noch vor Kriegsende, am 15. April 1945 wurden die 423 Überlebenden auf Initiative des Roten Kreuzes freigelassen und durften nach Schweden ausreisen.

Die Nähstube in L 218 **16**

[Dlouhá / seinerzeit Bahnhofstraße]

Die Abteilung des Gesundheitswesens im Ghetto betrieb eine kleine Nähstube zur Instandhaltung der Bettwäsche in den Krankenhäusern sowie der Kleider des klinischen Personals. Sie befand sich im Haus L 218.

Die Nähstube war in einer kleinen Erdgeschoßwohnung untergebracht. Gleich hinter dem Tor links führen wenige Stufen dorthin. Im größeren Zimmer standen seinerzeit mehrere Nähmaschinen.

Der Leiter dieser Nähstube war Emil Huppert. Sein Sohn, Polda Huppert, erzählt von seinem Vater:

> „Mein Vater war der Leiter der Nähstube. Hier hatte er auch ein kleines Büro. Nach einiger Zeit erhielt er die Erlaubnis, meine Mutter

Das heute leerstehende Innere der Sudetenkaserne

Ein Dror-Fähnlein

hierherzubringen, und so wurde dieses Büro bald zum Mittelpunkt der Familie. Ich selbst wohnte im Kinderheim L 417, und zwar im Zimmer Nr. 5. Die Gruppe in diesem Zimmer führte den Namen ‚Dror' (Freiheit). Mein Vater veranlaßte die Näherinnen, den 36 Jungen dieser Gruppe blau-weiße Mützen mit einem daraufgestickten Vogelmotiv sowie ein blauweißes Fähnlein zu nähen. Bei feierlichen Anlässen im Heim trugen wir stolz diese besonderen Mützen."

Das Offizierskasino G II **17**

[Pražská / seinerzeit Bahnhofstraße]

Das schöne Stadtpalais wurde 1784 bis 1788 für den wohlhabenden Materiallieferanten Kaspar Wieser erbaut, weshalb es in der Anfangszeit den Namen „Wieser-Haus" trug. Der Besitzer überließ das Gebäude jedoch schon wenige Jahre später der Militärverwaltung der Garnisonsstadt. Nachdem zunächst Neuansiedler hier eine Notunterkunft fanden, wurden später militärtechnische Ämter darin untergebracht, bis das Haus zuletzt zum Offizierskasino umfunktioniert wurde. In den Jahren 1910–1913 arbeitete hier Julis Fučík, Komponist des bekannten Marsches „Einzug der Gladiatoren", als Kapellmeister des Militärorchesters.

Zur Zeit des Ghettos war das Haus in Händen der Gendarmeriewachabteilung, die die Häftlinge außerhalb des Ghettos beaufsichtigte und das Lager bewachte.

Das ehemalige Offizierskasino, im Ghetto Sitz der Gendarmeriewachabteilung

Pavillon im Brunnenpark

Der Pavillon im Brunnenpark **18**

[Smetanovy sady]

Der Park im Westen Theresienstadts trug zu Ghettozeiten den Namen „Brunnenpark“. In seiner Mitte steht ein Pavillon aus dem Jahr 1916, der ursprünglich eine Holzskulptur von Heinrich Rochlitz schützen sollte. Nach Gründung der Tschechoslowakischen Republik wurde seine „Verteidiger“-Figur jedoch entfernt. Unweit befindet sich ein Gedenkstein für Bedřich Smetana, dem der Park seinen heutigen Namen verdankt.

Die Gaskammer in H II **19**

[Naměstí Dukelských hrdinů / seinerzeit Seestraße]

Die Stätte befindet sich auf der Nordseite der Stadt, im Block H II, dem ehemaligen Bauhof. Zur Zeit des Ghettos waren hier Lagerräume der Bauabteilung und der Tischlerei. Anfang 1945 begann man in den Wällen mit der Errichtung einer Gaskammer, in der Absicht, die noch im Ghetto verbliebenen Juden zu ermorden. Miroslav Karni sagt darüber aus:

> „Sogleich nach der Befreiung beschrieben der Ingenieur Erich Kohn und seine Mitarbeiter die Gaskammer in allen ihren Einzelheiten. Schon am Anfang, als sie den Auftrag erhielten, ein hermetisch verschlossenes, fensterloses Bauwerk zu errichten, sahen sie sich verpflichtet, der jüdischen Leitung ihre Befürchtungen auszudrücken. Sie bauten eine Mauer, die sich leicht zerstören ließ. Sie ordneten die Erzeugung von vierzig starken Meißeln an, und diese wurden in den nahen Zugängen versteckt. Sie schützten auch Mangel an Material vor und errichteten 15 Zentimeter dicke Mauern statt der erforderten 30 Zentimeter. Die Arbeit wurde aufs schnellste zu Ende geführt. Und die Bestellung einer luftdichten Tür bestätigte endgültig den Zweck des Bauwerkes – eine Gaskammer. Ingenieur Kohn und seine Mitarbeiter drängten den Vorsitzenden des Ältestenrates, Murmelstein, sich bei Rahm, dem Kommandanten des Ghettos, nach dem Zweck des merkwürdigen Bauwerkes zu erkundigen. Murmelstein erbat sich von Rahm eine Erklärung, unter dem Vorwand, daß sich im Ghetto Spannung und Nervosität verbreitet hätten und auch Fluchtversuche zu befürchten seien, wegen der Gerüchte von dem Bau einer Gaskammer. Rahms Antwort lautete dahingehend, es handele sich nur um ein Lager für Nahrungsmittel. Am nächsten Tag beorderte Rahm Ingenieur Kohn zu sich, ohrfeigte ihn und drohte, ihn erschießen zu lassen, wenn er die herrschenden Gerüchte bestätigen sollte. Gleichzeitig ließ er im Bau Regale für Nahrungsmittel anbringen, er befahl einige noch unverschlossene Öffnungen in den Mauern offenzulassen, trotzdem alles zu ihrem Verschluß bereit war. Auch die luftdichte Tür wurde nicht anmontiert.“

Mitte April 1945 kamen Eichmanns Leute nach Theresienstadt. Sie überbrachten Karl Rahm Himmlers Befehl, Theresienstadt den Alliierten zu übergeben. Rahm reagierte hierauf mit den Worten: „Ich verstehe die Welt nicht mehr." Die Absicht und der Versuch, Theresienstadt mit seinen Häftlingen zu liquidieren, entsprachen zu dieser Zeit nicht mehr der Politik der SS-Führung.

Die Aussiger Kaserne J IV

20

[seinerzeit Egergasse]

In die nördliche Bastion der Festung eingebaut waren Artilleriewerkstätten und Unterkünfte. In der Anfangszeit der Ghettos hatte die Aussiger Kaserne die Funktion der „Schleuse". Nachdem das Gleis fertiggestellt und die „Schleuse" in die Hamburger Kaserne verlegt worden war, nutzte man die Räume als Zentrallager für Kleider und beschlagnahmte Gegenstände. Der minderwertige Teil der Waren wurde in den Theresienstädter Geschäften weiterverkauft, Wertgegenstände brachte man ins Reich. Gleich in der Anfangszeit des Ghettos, im Januar und Februar 1942, wurden im hinteren Hof der Kaserne 16 junge Männer des Aufbaukommandos erhängt. Jakob Edelstein wie auch die anderen Mitglieder des Ältestenrates erhielten den Befehl, bei den Hinrichtungen anwesend zu sein. Ruth Bondy erwähnt dieses Ereignis in ihrem Buch *Edelstein gegen die Zeit:*

> „Mitte Dezember 1941 riefen Seidl und Bergel – der SS-Kommandant des Ghettos und sein Stellvertreter – zum Appell im Hof der Sudetenkaserne und gaben bekannt, daß bei einem bereits verhafteten Tschechen hinausgeschmuggelte Briefe gefunden worden waren. Die Absender der verbotenen Briefe wur-

Die Aussiger Kaserne in der nördlichen Bastion

den aufgefordert hervorzutreten, mit der Versicherung, daß ihnen nichts Schlimmes geschehen werde. Sollten sie sich aber nicht melden, dann würden alle strengstens bestraft. Nach kurzem Zögern traten zwei junge Männer aus der Reihe und wurden sofort verhaftet.

Am 9. Januar wurden Edelstein und Zucker zur Kommandantur befohlen, und dort verkündete ihnen Seidl, daß einige Häftlinge zum Tode verurteilt waren. Der Ältestenrat erhielt den Befehl, für die Errichtung eines doppelten Galgens im Graben der Aussiger Kaserne zu sorgen und für den morgigen Tag 25 Särge sowie starke Stricke bereitzustellen. Am nächsten Morgen erschien Bergel aus der Kommandantur, in vollkommen betrunkenem Zustand, und befahl Edelstein zu sich: Er müsse zwei Juden finden, welche als Henker dienen sollten, anderenfalls würde auch Edelstein erschossen. Aber niemand war bereit, sich freiwillig dazu herzugeben. Schließlich meldete sich Fischer, ein Fleischermeister von Beruf, der nach eigenen Angaben einst in einem pathologischen Institut und auch bei Hinrichtungen als Assistent gearbeitet hatte. Er war bereit, diese Aufgabe zu übernehmen. Die ganze Stadt, sowohl die Juden als auch die Tschechen, befand sich im Belagerungszustand. In eisiger Kälte brachte man die neun Verurteilten zum Galgen, darunter auch die zwei jungen Männer, die sich vor Seidl freiwillig gemeldet hatten.

Jakob Edelstein kam krank und aufs Tiefste erschüttert von der Hinrichtung zurück. Auf Befehl der deutschen Kommandantur mußte er den Vollzug der Todesstrafe verkünden, und er bat alle Verantwortlichen, mit allen Kräften und ihrer ganzen Energie die genaueste Einhaltung der von den Deutschen befohlenen Anordnungen durchzusetzen und so eine Wiederholung ähnlicher Tragödien zu verhindern. In den Zimmern der Juden wurden Gedenkkerzen angezündet, man sprach Kaddisch *(das Gebet in aramäischer Sprache ist Teil der jüdischen Trauerzeremonie)* und schwieg.

Sechs Wochen später führte man weitere sieben Häftlinge zur Hinrichtung, unter ähnlichen Bedingungen. Aber diesmal weigerte sich Edelstein kategorisch, der Hinrichtung beizuwohnen, auch auf die Gefahr hin, erschossen zu werden."

Ende Oktober 1944 holte man aus dem letzten nach Birkenau gehenden Transport zwanzig junge Männer heraus. Sie mußten im Hinterhof der Aussiger Kaserne die Überreste der Hingerichteten ausgraben. Nach Beendigung dieser Arbeit brachte man sie in die Kleine Festung, wo sie erschossen wurden.

Nach Kriegsende wurde der Baukomplex unter dem Namen „Žižka-Kaserne" wieder für militärische Zwecke genutzt.

Die Bodenbacher Kaserne H IV **21**

[seinerzeit Egergasse]

Der Bau beherbergt eine große, dreischiffige Halle – das Zeughaus, also die ehemalige Waffenkammer der k. u. k. Festung; in

Die Bodenbacher Kaserne

Die langgestreckte Fassade der Dresdner Kaserne

einem Teil waren Quartiere der Artillerie. Auch dieses Gebäude hatte für kurze Zeit die Funktion der „Schleuse" und einer Häftlingsunterkunft. Im Jahr 1943 räumte man den Bau, da er wie die Sudetenkaserne von Angestellten der Berliner Dienststelle als Archivlager genutzt wurde. Bis 1996 gehörte der Komplex der tschechischen Armee.

Die Dresdner Kaserne H V 22

[Revoluční / seinerzeit Postgasse]

Als Theresienstadt noch k. u. k. Garnisonsstadt war, diente der Bau als große Infanteriekaserne für schon damals über 1.000 Soldaten. In der Zeit Theresienstadts als Ghetto waren hier die Frauenunterkünfte: Am 6. Dezember 1941 mußten Frauen und die jüngeren Kinder die Sudetenkaserne verlassen und bekamen in der Dresdner Kaserne Schlafstellen zugewiesen. Nach 1942, als das ganze Stadtgebiet zum Ghetto wurde, versuchte man dann, soweit wie möglich eigene Wohnstätten für die Kinder zu schaffen. Einzelne Räume der Dresdner Kaserne dienten für Kulturveranstaltungen im Ghetto, im Keller befand sich das Ghetto-Gefängnis. Im Kasernenhof fanden Fußballturniere statt.

Nach Kriegsende richtete die Rote Armee hier für kurze Zeit eine Quarantänestation zur Bekämpfung der Typhusepidemie ein. Später wurde der Bau als Kaserne wieder seiner ursprünglichen Bestimmung zugeführt.

Brunnen im Stadtpark

Der Stadtpark 23

[Jiráskovy sady]

Während der Park am Hauptplatz in der Ghettozeit mit Baracken und Zelten zugestellt war, blieb der Stadtpark als Grünanlage erhalten. Im Rahmen der „Verschönerungsaktion" errichtete man einen Spielplatz mit einem Holzpavillon. Heute trägt die Anlage den Namen „Jirásek-Park". Das Jan Hus-Denkmal, das dort heute wieder seinen Platz gefunden hat, stammt aus dem Jahr 1938. Es wurde während der Kriegszeit in den Festungsanlagen versteckt. Außerdem befindet sich hier ein Mahnmahl, das die Rote Armee den Opfern des Lagers Theresienstadt gewidmet hat.

Das Untere Wassertor 24

[Dolní vodní brána]

Dieser Zugang zur Stadt wurde 1784 errichtet. Wie bei allen Zugängen zur Festung führt eine Brücke über den breiten Verteidigungsgraben zum zentralen Tor mit zwei seitlichen Durchgängen für Fußgänger. Heute ist es für den Verkehr gesperrt. In den Mauern zu beiden Seiten sind Kasematten eingerichtet, die aber nicht mehr zugänglich sind.

Blick auf das Untere Wassertor, im Hintergrund der Turm der Garnisonskirche

Die Hohenelber Kaserne

Die Hohenelber Kaserne E VI **25**

[Fučíkova / seinerzeit Parkstraße]

Die Hohenelber Kaserne war ursprünglich das Militärhospital der Garnisonsstadt. In diesem Krankenhaus starb am 28. April 1918 Gavrilo Princip, der Attentäter auf den österreichischen Thronfolger Franz Ferdinand d'Este II.

Im Ghetto diente die Hohenelber Kaserne als Zentralkrankenhaus. Hier wurde auch eine Badeanstalt eingerichtet. Von Zeit zu Zeit erhielten die Häftlinge besondere Karten, die ihnen ermöglichten, dort ein warmes Bad zu nehmen.

Die Kavalierkaserne E VII **26**

[Kavalírka]

Eines der „Kavaliere", wie man jene Festungswerke nennt, die über die Höhe des Walles hinausragen, sollte über tausend Betten eines Lazaretts beherbergen, das dem Militärspital angegliedert war. Im Ghetto hatten in den Anlagen Alte und Geisteskranke ihre Wohnstätten.

Otto Ungar: Quartiere der Alten

Die alte Reitschule Q 321 27

[Fučíkova / seinerzeit Badhausgasse]

Der Empirebau des Jahres 1860 verbirgt im Inneren eine mächtige, bis zum Giebel reichende hölzerne Bogenkonstruktion, die den ehemaligen Reitplatz der Garnison überdachte. Während des Ghettos arbeiteten hier Häftlinge in einer Tischlerei.

Die Entlausungsstation 28

[Fučíkova / seinerzeit Parkstraße]

Im Ghetto waren Läuse sehr verbreitet, und als Träger von Typhuserregern bedeuteten sie eine große Gefahr. Deshalb richtete die Ghettoverwaltung nahe dem Oberen Wassertor als vorbeugende Maßnahme eine Desinfektions- und Entlausungsstation ein. Vormals hatte sich in diesem Gebäude eine Bierbrauerei befunden. Der Schornstein ist noch immer zu sehen.

Auf Anordnung der deutschen Behörden mußten alle neu angekommenen Häftlinge einer Desinfektion unterzogen werden. Auch ihr Gepäck wurde in einem besonderen Raum mit Gas besprüht. Dieser Ort nun war 1943 Schauplatz eines Dramas: Im August dieses Jahres erfuhr man im Ghetto von der Ankunft eines Kindertransportes. Die Anzahl der Kinder blieb unbekannt, man wußte auch nicht, woher sie gekommen waren. Ihr Zustand war jedoch elend: ausgehungert, mit zerrissenen Lumpen bedeckt, die meisten barfuß und alle ohne irgendwelches Gepäck.

Die Desinfektion der vollkommen verlausten Kinder fand in Anwesenheit des Lagerkommandanten und seiner SS-Männer statt, um jedes Gespräch zwischen den Kindern und den in der

Die Entlausungsstation war ehemals eine Brauerei

E. Morgan: Die Kinder aus Bialystock

Station Beschäftigten zu verhindern. Als sie dann zu den Desinfektions- und Baderäumen geführt wurden, kam es zu schrecklichen Szenen, denn die Kleinen weigerten sich mit allen Kräften, den Desinfektionsraum und das Bad zu betreten. Die hier beschäftigten Häftlinge waren außerstande, die Angst der Kinder zu begreifen. Einem der Häftlinge gelang es jedoch, einen älteren Jungen in eine Ecke zu ziehen, und dort erzählte dieser in jiddischer Sprache, daß sie aus dem liquidierten Ghetto Bialystock gekommen seien. Ihre Familien waren teilweise vor ihren Augen erschossen worden. Die Übriggebliebenen hatte man dann zu einem Haus geführt, über dessen Eingang ein Schild mit der Aufschrift „Badehaus" zu sehen war, und hier wurden sie vergast. Erst als man den Kindern zeigte, daß hier wirklich nichts anderes als ein Bad war, das überdies einen Ausgang auf der anderen Seite hatte, beruhigten sie sich.

Nach der Desinfektion wurden die Kinder außerhalb des Ghettos in Baracken untergebracht. Eine Anzahl Erwachsener aus dem Ghetto begleitete sie dorthin, darunter Ärzte und Krankenschwestern. Strengstens war es ihnen verboten, mit der Bevölkerung im Ghetto in Kontakt zu kommen. Die Kinder erhielten eine gute Verpflegung, wurden neu eingekleidet, und aufs beste umsorgt, erholten sie sich schnell. Das Gerücht lautete, daß die Kinder zum Austausch für deutsche Kriegsgefangene bestimmt waren. Doch alles kam zu einem bitteren Ende, denn eines Tages wurden die Kinder mitsamt ihren Pflegern heimlich wieder verladen und mit unbekanntem Ziel verschickt. Erst nach dem Krieg erfuhr man, daß die Kinder von Bialystock mit ihren 53 Begleitern nach Auschwitz gebracht und dort ermordet worden waren.

Das Obere Wassertor 29

[Horní vodní brána]

Wie sein Pendant, das Untere Wassertor, wurde auch das Obere Tor 1784 fertiggestellt. Die Verbindungsstraße zur Kleinen Festung führt durch dieses Tor.

Der Stabsgarten 30

[Horní vodní brána]

Der Ghettoleitung gelang es, bei den deutschen Behörden die Erlaubnis zur Anlage von Gemüsegärten zwischen den Wällen zu erwirken, in denen viele Jungen und Mädchen beschäftigt waren. Einer dieser Gemüsegärten, der sogenannte „Stabsgarten", lag hinter dem Oberen Wassertor außerhalb des Ghettos. Vielerlei Arten von Gemüse wurden hier angebaut, welches freilich nur für die Deutschen bestimmt war.

Es war keineswegs eine leichte Arbeit, die hier zu verrichten war, aber sie verschaffte den Kindern die Möglichkeit, an der frischen Luft zu sein und dabei auch manchmal ein wenig von dem frischen Gemüse oder Obst zu kosten. Man sah zudem auch in dieser Tätigkeit so etwas wie eine Vorbereitung für Israel. Mit dem Garten verbindet Hana Rychnovská ein besonderes Erlebnis:

> „Es war eine schwere Arbeit für uns, denn wir waren junge Mädchen, und wir waren unterernährt. Jeden Tag bei unserer Rückkehr ins Ghetto wurden wir von den tschechischen Polizisten durchsucht. Tschechische Polizei war es auch, die uns tagsüber bewachte. Ich erinnere mich an die folgende Episode: Einmal zur Mittagszeit saß ich unter einem Apfelbaum. Ich hatte mir einen Apfel gepflückt, um meinen Hunger ein wenig zu stillen. Heindl, einer der SS-Offiziere, hatte die Gewohnheit, auf den Wällen

Vor dem Oberen Wassertor

herumzustreifen und uns auf alle nur mögliche Art und Weise zu beobachten. Manchmal kam er auf einem Motorrad, so daß wir ihn hören konnten und gewarnt waren, dann kam er wieder auf einem weißen Pferd herangeritten, und ein drittes Mal erschien er auf einem Fahrrad. Diesmal beobachtete er uns mit einem Fernrohr von den Wällen, und er sah mich. Der SS-Mann kam heruntergelaufen, und er ertappte mich beim Essen des Apfels. Er reagierte mit äußerster Wut. Er brüllte, man müsse mich sofort in die Kleine Festung schaffen. Meine Kameradinnen zitterten alle vor Angst über mein Schicksal. Unterdessen erschien der jüdische Leiter des Gartens, und mit großer Mühe gelang es ihm, das Schlimmste abzuwenden. Schließlich beschloß Heindl, mich mit einer besonders schweren, vom Morgen bis zum Abend andauernden Arbeit zu bestrafen. Meine Kameradinnen halfen mir, soviel sie konnten. Am Abend erwartete mich meine aufs äußerste besorgte Mutter beim Tor und brachte mich ins Ghetto. Das war ein bitterer Apfel, den ich niemals vergessen werde."

Die Magdeburger Kaserne B V

31

[Tyršova / seinerzeit Hauptstraße]

Nordöstlich vom Hauptplatz liegt die damalige Magdeburger Kaserne. Zur Zeit der Monarchie bot sie Raum für 425 Pferde und 620 Soldaten.

In dieser Kaserne befanden sich die Ämter der Selbstverwaltung des Ghettos, und hier hatten auch die Mitglieder des Ältestenrates ihre Quartiere.

Bis 1996 diente der Bau unter dem Namen „Jan Jiskra z Brandýsa-Kaserne" wieder militärischen Zwecken. Gegenwärtig ist dort eine Zweigstelle des Ghetto-Museums beheimatet: Die empfehlenswerte Ausstellung im ersten Stock zeigt hauptsächlich Kunst aus dem Ghetto. Außerdem kann man eine rekonstruierte Frauenunterkunft sehen.

Innenhof der Magdeburger Kaserne

Die Ausstellungsräume

1. *Musik in Theresienstadt*
Die Exponate in diesem Saal, Lebensbeschreibungen namhafter Musiker, Ankündigungen, Plakate u.s.w., vermitteln dem Beschauer einen Eindruck von der Vielfalt des Musiklebens im Ghetto.

2. *Theater im Ghetto*
Die Rekonstruktion eines Theatersaales auf dem Dachboden mit den einfachen Holzbänken und der bescheidenen Bühne gibt die Atmosphäre jener Zeit wirklichkeitsnah wieder.

3./4. *Malerei und Dichtkunst im Ghetto*
Drei Säle enthalten eine eindrucksvolle Ausstellung von im Ghetto angefertigten Zeichnungen, die ein getreues Abbild des Lebens im Lager liefern. Des weiteren findet sich dort auch die Ausstellung *Dichtung und Literatur im Ghetto.*

5. *Rekonstruktion der Wohnbedingungen*

Ein authentisch wiederhergestelltes Frauenquartier führt dem Besucher die elenden Wohnbedingungen im Ghetto vor Augen.

Die Hannover Kaserne B IV

32

[Legií / seinerzeit Jägergasse]

In der Hannover Kaserne war ursprünglich das Proviantlager der Garnison eingerichtet sowie im ersten Stock das Militärgericht. Im Jahr 1918 wurden hier die Soldaten des Rumburger Aufstandes verurteilt, sieben Todesurteile wurden vollstreckt, die anderen Aufrührer erhielten Haftstrafen in der Kleinen Festung. Während des Ghettos beherbergte die Hannover Kaserne Männerquartiere sowie eine Großküche.

Die Hannover Kaserne

Park vor der Zentralbäckerei

Die Zentralbäckerei A IV 33

[Prokopa Holého / seinerzeit Bäckergasse]

Am Südrand der Stadt, hart an der Mauer, steht eine Kaserne, die vor dem Krieg als Militärbäckerei gedient hatte. Bereits mit der Errichtung des Ghettos begann man hier, das Brot für die Häftlinge zu backen. Allerdings mußte ein Großteil des Bedarfs 1941 und Anfang 1942 noch angeliefert werden. Mit Hilfe der Bäcker unter den Lagerinsassen wurde jedoch zunehmend mehr im Ghetto selbst produziert. Dabei waren die in Theresienstadt gebackenen Brote sogar von besserer Qualität als die angelieferten. Im Sommer 1942, nach der Aussiedlung der tschechischen Einwohner, wurde die Bäckerei mit einer etwas moderneren Ausstattung versehen, so daß das ganze Ghetto versorgt werden konnte. Im Jahre 1943 buk man täglich ungefähr 16.000 kg Brot.

Die Tagesration eines Häftlings war klein: Arbeiter bekamen täglich 375 g, Schwerstarbeiter 500 g und die übrigen 330 g.

Die Arbeit in der Bäckerei war sehr hart. Man arbeitete schichtweise und viele Stunden. Doch die hier Beschäftigten erhielten für ihre Angehörigen einen Zuschuß an Brot. Viele Mitglieder des „Hechalutz" (hebr.: Pionier), der zionistischen Arbeiterbewegung, arbeiteten in der Bäckerei, unter anderem auch als Vorbereitung für die Auswanderung nach Israel, was freilich am Ende nur wenigen vergönnt war.

Polda Huppert berichtet davon, welche Bedeutung den Arbeitenden in der Zentralbäckerei zukam und welchen Stellenwert Brot für die Ghettoinsassen hatte:

> „Die Mutter arbeitete in einer Küche beim Kartoffelschälen, und so konnte sie manchmal eine Kartoffel oder Kartoffelschalen herbeibringen. Ich arbeitete im Gemüsegarten und brachte von Zeit zu Zeit etwas Gemüse. Der Wichtigste aber war mein Cousin Ernst. Er war in der Bäckerei beschäftigt, und so kam die Familie hier und da zu ein wenig Brot. Manchmal schickte man mich zu ihm in die Bäckerei, wo er mir heimlich einen halben Laib Brot zusteckte – in jenen Tagen ein wahrer Schatz. Und so versammelten wir uns, zusammen mit Ernst, an manchen Abenden, und besonders an den Freitagabenden, im väterlichen Büro zu einer etwas verbesserten Mahlzeit – wertvolle Augenblicke in jener schweren Zeit."

Die Hamburger Kaserne C III

34

[Prokopa Holého / seinerzeit Lange Straße]

Zur Zeit der Festungs- und Garnisonsstadt war in diesem Bau, der sogenannten „Kleinen Infanteriekaserne", das berühmte Regiment Nr. 42 einquartiert.

Im Ghetto befand sich hier zunächst eine Unterkunft für Frauen, später dann waren in dieser Kaserne niederländische Lagerinsassen untergebracht.

Die ehemaligen Ghettohäftlinge erinnern sich der Hamburger Kaserne aber vor allem als „Schleuse" für die Transporte „nach Osten", denn darin lag ihre eigentliche Bestimmung, seit die Eisenbahngleise bis direkt vor die Kaserne führten.

Dr. A. Nash schildert die Abschiede von Bekannten und Freunden sowie den Weg zur Schleuse:

„Als wir vergessen wollten, daß wir eigentlich in einem KZ sind, kamen die Osttransporte und erinnerten uns daran. Mit einem Schlag war alles anders. Verängstigt schleppten sich die Menschen durch die Straßen und warteten gebeugt, bis die Liste veröffentlicht wurde. Immer dasselbe Bild von Angst und Schrecken.

‚Bist du drin?'

‚Nein, ich bin nicht drin, ich bin dispensiert.'

oder

‚Hast du schon Einspruch erhoben?'

‚Ja, aber keine Aussicht.'

Überall dieselben Gespräche, derselbe Schrecken, dieselben Ängste. Gleich fängt man an zu packen. Gestalten mit einer Nummer um den Hals tragen Gepäck und schleppen sich nach der Schleuse, in die Hamburger Kaserne, wo die unglücklichen Opfer, die ins Ungewisse – in ihren Tod – fahren, versammelt werden. In dem Augenblick, in dem alle angekommen sind, werden die Tore geschlossen. Sie gehörten nicht mehr zu uns. Sie sind abgetrennt, ein Fremdkörper. Später werden sie einsteigen, die Wagen

Die Hamburger Kaserne: die „Schleuse" für die Transporte

werden verschlossen, plombiert, und der Transport setzt sich in Bewegung. Jetzt beginnt das Wunder im Ghetto: alle atmen auf, was war – war. Zwar weint ein Mädchen, deren Eltern ins Ungewisse geschickt wurden, und dort weint eine Mutter, deren Sohn von ihr getrennt wurde, aber das Leben im Ghetto geht weiter. Wann, um Gottes Willen, wird der nächste Transport gehen? Aber bis dann kann schon das ‚Ende' sein. Der Krieg kann schon vorbei sein. Jeder Tag im Lager ist ein Geschenk."

Die Kandidaten für den nächsten Osttransport mußten sich zu einer festgesetzten Zeit in der Hamburger Kaserne einfinden. Schon vorher bekamen die Opfer eine Nummer, mit der sie das Gepäck (bis 20 kg) bezeichnen mußten; wenn dies nicht geschehen war, wurde es mit Kalk in der „Schleuse" selbst beschriftet.

In der Schleuse wartete man ein paar Stunden oder auch Tage. Die Bedingungen waren unerträglich und die Gemütsstimmung entsprechend düster und verzweifelt. Vor der Deportation dachte niemand an Schlaf, was angesichts des Durcheinanders ohnehin unmöglich gewesen wäre.

Zum Einsteigen wurde jeder mit seiner Nummer aufgerufen, eine Prozedur, die Stunden dauerte. Dann erschienen SS-Männer, die mit Geschrei und Schlägen die Menschen zur Eile antrieben. Die Waggons waren Viehwagen, in die jeweils siebzig bis achtzig Menschen gepreßt wurden. In jedem Wagen war ein Bedürfniseimer. Als Proviant bekam jeder Deportierte 1.500 g Brot, etwas Margarine und ein bißchen Marmelade, 250 g Wurst und ein wenig Salz. Wasser war nicht vorgesehen. Manchmal blieb der Zug noch stundenlang stehen, bevor er sich ins „Ungewisse" in Bewegung setzte.

Das Gleis 35

[Dlouhá /
seinerzeit Bahnhofstraße]

Seit Juni 1943 kamen die Züge mit den Transporten direkt ins Ghetto hineingefahren, auf einer Strecke, welche die Häftlinge von dem ungefähr drei Kilometer entfernten Bahnhof Bauschowitz hier-

Gedenktafel für die Deportierten, links ist die Karlsbrücke zu erkennen

her verlegt hatten. Auch der Weg von Theresienstadt „nach Osten" begann für Zehntausende auf diesem Gleis.

Nach dem Krieg wurden die Schienen überpflastert, nur ein kleiner Teil ist übriggeblieben – heute eine Gedenkstätte. Daneben, an der südlichen Stadtmauer, befindet sich ein Relief, welches aber ursprünglich nicht für diesen Ort bestimmt war, sondern für den Prager Bahnhof, dem Ausgangspunkt der Deportationen nach Polen und nach Theresienstadt.

Noch zur Zeit des kommunistischen Regimes hat Břetislav Benda, ein tschechischer Künstler, dieses Mahnmal geschaffen, doch die damals maßgebenden Behörden hatten keinerlei Interesse, die Tafel in Prag anbringen zu lassen, und so kam sie nach Theresienstadt. Heute befindet sich hier ein Ort für feierliche Zusammenkünfte zum Andenken an die Opfer des Holocaust.

Die Jägerkaserne A II **36**

[Bohušovická brána /
seinerzeit Bauschowitzer Tor]

Die Jägerkaserne – alte Festungskasematten mit Platz für über 800 Personen – war im Ghetto eines der Quartiere für greise Männer und Frauen. Heute ist das Gebäude umzäunt und verfallen, doch es genügt der Blick über den Zaun, um etwas von den elenden Bedingungen zu erahnen, denen die Alten und Kranken ausgesetzt waren.

Fußballszene auf einem Umschlagblatt der Kinderzeitung „Noviny"

Die Bastei B I **37**

[Bohušovická brána /
seinerzeit Bauschowitzer Tor]

In vier Ecken der Festung Theresienstadt bildeten die doppelten Mauern fünfeckige, 120 mal 150 Meter große, grasbedeckte Flächen, sogenannte „Basteien". Im Jahre 1943, vor dem Besuch des Roten Kreuzes, erteilte die deutsche Kommandantur der Jugendabteilung des Ghettos die Erlaubnis, hier einen Sport- und Spielplatz einzurichten, doch bereits 1944 wurde diese Erlaubnis wieder zurückgezogen. Ruth Bondy berichtet:

> „Fredy Hirsch erhielt, dank seiner Verbindungen zur Kommandantur, die Erlaubnis, auf den breiten, grasbewachsenen Festungsmauern einen Spielplatz zu errichten. Zur Eröffnungsfeier im Mai 1943 fanden

Sportwettkämpfe und ein Turnfest mit 6.000 Kindern und Jugendlichen statt. Ein Teil der Turner war mit aus gefärbten Leintüchern geschneiderten Turnanzügen bekleidet. Für die Zionisten war dies eine Feier zum Geburtstag Theodor Herzls (der Begründer des Zionismus), die Kommunisten betrachteten es als eine Feier zum ersten Mai, und die Turner sprachen am Ende ihrer Vorführungen auf Tschechisch die Worte: ‚Ehre der Arbeit'. Dr. Kohn hielt die Festrede, und für alle war es ein Augenblick der Erhebung: Auch unter den schweren Bedingungen im Ghetto ist es möglich, eine gesunde und tüchtige Jugend aufzuziehen, einer besseren Zukunft entgegen. Das Ziel lautete, Erziehung zum Stolz auf die Werte des Judentums, in einer Welt, welche den Juden als den letzten Dreck behandelte."

Die zionistischen Jugendbewegungen nutzten die Bastei auch für Gruppenveranstaltungen. Eva Hirsch, damals 15 Jahre alt, nahm an einem Pfadfindertag teil:

„Lagertag, ein Tag in einem richtigen Sommerlager sollte es sein, für viele von uns zum ersten Male. Die ganze Schicht der ‚Pfadfinder' sprach seit Wochen nur von diesem Tag. Endlich kam der Abend vor dem großen Ereignis. Schon seit einigen Tagen waren die Decken in Vorbereitung bei den Jungen, zusammengenäht und an Holzstäbe gebunden, um uns als gemeinsame Zelte zu dienen. Auch die Fähnchen und die dreieckigen Halstücher lagen bereit, und sie waren sogar schön. Um fünf Uhr marschierten wir bereits vom großen Hof unseres Heimes, in dem sich alle Pfadfinder versammelt hatten, hinaus zur ‚Bastei'. Dort verteilte man uns in vier Gruppen, und jede Gruppe bekam ihren Platz zugewiesen. Um dreiviertel Sechs gingen wir zum festlichen Appell auf der großen Wiese. Jede Gruppe hatte ihr eigenes Abzeichen. Es war ein schöner Anblick, all die jüdische Jugend. Nach den Begrüßungen und den Reden kehrten wir zurück zu den uns zugewiesenen Plätzen, und es war an uns, so schnell wie möglich die Zelte aufzustellen. Dann setzte sich jede Gruppe in einen großen Kreis zum Frühstück. Wir durften herumtollen bei allerlei Spielen oder unsere Kräfte aufsparen für den leichtathletischen Dreikampf. Mittags brachten uns einige Kameraden das Essen aus der Kinderküche. Nach dem Essen konnte man sich ausruhen im Zelt oder mittun beim Ballspiel oder einfach zuschauen. Beim Frage- und Antwortspiel konnten wir unsere Kenntnisse zur Schau stellen. Weiterhin wurden von jeder Gruppe die in der Mittagspause verfaßten Reime und Lieder vorgeführt. Beim Schlußappell verkündete man die jeder Gruppe zugesprochenen Punkte für ihre Leistungen. Unsere Gruppe erhielt den zweiten Platz. Jetzt sollten wir nach Hause marschieren, aber statt dessen begannen endlose Horatänze. Wir wollten nicht auseinandergehen ... Diesen Tag werde ich niemals vergessen. An diesem Tag fühlte ich zum ersten Male, daß wir eine einzige, große Gemeinschaft sind: die jüdische Jugend."

Die Totenkammern 38

[Bohušovická brána / seinerzeit Bauschowitzer Tor]

Theresienstadt war eines der wenigen Ghettos, in denen anfangs bei Bestattungen das religiöse Ritual eingehalten wurde. Bis August 1942 hat man die Toten noch einzeln beigesetzt. Danach wurden Massengräber ausgehoben, und zwar jeweils für 35 Verstorbene.

In den Totenkammern sind die Leichenwägen zu sehen – damals die einzigen Fahrzeuge im Ghetto

Am südöstlichen Stadtrand, nahe des Friedhofes, befinden sich die Totenkammern. Zwei Zimmer sind hier zu sehen. Eines diente den jüdischen Verstorbenen, das andere denjenigen anderen Glaubens. Der Totenwagen in diesem Zimmer stammt aus der Zeit des Ghettos.

Neben den Totenkammern gab es einen größeren Saal für den Gottesdienst. Zu Füßen des Podiums lagen jedesmal 35 Särge, deren jeder den Namen des Toten trug. Unter der Bewachung tschechischer Polizisten ging der Zug von hier aus zum Friedhof. Ab Oktober 1943 wurden in Theresienstadt Krematorien betrieben und alle Toten eingeäschert. Die Asche wurde dann in kleinen Büchsen aufbewahrt und in dem hierfür bestimmten Ort, dem Kolumbarium, eingelagert. Die Einäscherungen wurden 1944, in Erwartung der Kommission des Internationalen Roten Kreuzes, für einige Tage unterbrochen. Hinterher hat man die Erdbestattungen jedoch wieder eingestellt und die Krematorien erneut in Betrieb genommen.

Eingang zu den Totenkammern

In der vormaligen Leichenhalle ist heute eine Gedenkstätte eingerichtet

Das Kolumbarium 39

[Bohušovická brána / seinerzeit Bauschowitzer Tor]

Mit Inbetriebnahme des Krematoriums wurde 1942 nahe des Ghetto-Ausganges auch ein Gebäude zur Aufbewahrung der Asche eingerichtet, das sogenannte „Kolumbarium". Noch heute sind die Überreste dieser Lagerräume innerhalb des Walles zu erkennen. Der Besucher sieht in dem zu einem der Lagerräume führenden eisernen Tor hebräische Buchstaben, die „1944" bedeuten. Nach der Kremation wurde die Asche sorgfältig eingesammelt und statt in den üblichen Aschenkrügen in einfachen Kartonbüchsen verwahrt, die mit den Namen und den Registrationsnummern der Verstorbenen versehen waren. Täglich brachte man diese Büchsen aus der Totenkammer ins Kolumbarium. Zwei Ghettohäftlinge besorgten hier die Aufbewahrung der Büchsen in ihrer genauen Reihenfolge, so daß man eine jede ausfindig machen konnte. Diese beiden Häftlinge arbeiteten hier ungefähr zwei Jahre. Bis 1944 sind im Kolumbarium mehr als 20.000 solcher Aschenbehälter eingelagert worden.

Eines Tages im November 1944 erschienen einige Traktoren vor dem Kolumbarium, Gruppen von Häftlingen bildeten Ketten, um die Büchsen aufzuladen, welche dann an das Ufer der Eger gebracht wurden, und die Häftlinge mußten unter scharfer Bewachung die Asche in den Fluß schütten. Susanna Stern mußte damals mithelfen:

„... Es kam ein ungewöhnlicher Befehl: Die Fortschaffung aller 20.000 Büchsen mit der Asche der im Ghetto seit der Errichtung der Krematorien, also seit etwas weniger als drei Jahren, Verstorbenen. Ist es möglich, daß die Deutschen glauben, auf diese Weise irgendwelche Spuren verwischen zu können? Alle Jugendlichen und auch die Alten, die noch im Ghetto verblieben waren, mußten helfen bei dieser Arbeit. Wir bildeten zwei menschliche Ketten, und die Büchsen gingen von Hand zu Hand, bis zu den draußen stehenden Traktoren. Wie wir später erfuhren, lautete der Befehl dahin, im Schutze der Dunkelheit die Asche in den Fluß zu werfen. Von Zeit zu Zeit öffnete sich eine der Büchsen, und die Asche verstreute sich. Kalt und feucht war es in dem Gang, und dazu kam noch der schreckliche Modergeruch. Viele Stunden arbeiteten wir so. Dann kam die Dunkelheit, und wir waren sehr müde. Petroleumlampen wurden angezündet. Jetzt wurde der Ort wirklich furchterregend. Die Asche der Toten in den Händen und die Schatten der Lebenden an den Mauern. Ich war froh, daß man uns endlich fortschickte. Die Arbeit dauerte dann noch, soviel ich weiß, drei Tage lang. Wir, die Kinder, nahmen nicht mehr teil an ihr. Aber die Alten gingen jetzt sogar gern dorthin, weil sie dafür eine Zulage von Zuckerrationen erhielten. Wir nannten diese Zulage ‚Aschenzucker'."

Pappurnen im Kolumbarium

Ein Teil der Asche wurde auch unweit des KZ Leitmeritz vergraben. Am nordöstlichen Ausgang der Stadt, am Flußufer, dort, wo die Asche der Verstorbenen im Wasser versenkt wurde, steht jetzt ein Denkmal, dessen Besuch zu empfehlen ist (siehe Nr. 41).

Der Friedhof und das Krematorium **40**

[Městský hřbitov / städt. Friedhof]

Der Friedhof befindet sich südlich der Stadt, außerhalb der Festungsmauern, und ist gut mit Verkehrsmitteln erreichbar. In Einzel- und Massengräbern sind hier ungefähr 9.000 Häftlinge begraben, die im ersten Jahr des Bestehens des Lagers verstarben.

Im Herbst 1942 wurde das Krematorium in Betrieb gesetzt, in dem die Toten eingeäschert wurden, und zwar nicht nur jene aus dem Ghetto selbst, sondern auch aus der Kleinen Festung und dem Konzentrationslager Leitmeritz. In den Jahren 1942–1945 fanden insgesamt etwa 30.000 Einäscherungen statt. Dr. Rudolf Klein berichtet über die Arbeit im Krematorium:

„Im Krematorium standen vier elektrische Öfen, die mit Naphtha *(Rohbenzin)* betrieben wurden. Die Öfen arbeiteten ununterbrochen, Tag und Nacht. Aber im Sommer 1942 war die Sterblichkeit im Ghetto so groß, daß die Leichen immer erst mehrere Stunden liegenblieben, bevor sie verbrannt werden konnten. Eine Einäscherung dauerte etwa vierzig Minuten. Die Asche legte man in eine Kartonschachtel, auf der die Daten der Verstorbenen zu lesen waren, und

Einzelgräber auf dem Friedhof

diese Behälter brachte man dann ins Kolumbarium. ... Die Deutschen befahlen allen, die mit den Verstorbenen in Berührung kamen, sämtliche Goldsachen einzusammeln und sofort in der Kommandantur abzugeben. Gleichzeitig kam der Befehl, die Asche der Verstorbenen nach etwaigen Überresten von edlen Metallen zu durchsuchen. Und nachdem in der Asche keinerlei Gold gefunden wurde, veranstaltete man ein Experiment, um zu prüfen, inwieweit das Gold der Hitze in den Öfen widerstehen kann – mit negativem Ergebnis."

Im ehemaligen Krematorium gibt es eine Ausstellung von Photographien der Begräbniszeremonien sowie einen Stein aus Jerusalem mit dem Vers aus dem Buch der Psalmen: „Und mein Schmerz ist immer vor mir." Dieser Gedenkstein wurde im Oktober 1991 von Chaim Herzog, dem ehemaligen israelischen Präsidenten, zum 50. Jahrestag der Gründung des Ghettos hierhergebracht.

Einen Teil des Gräberfeldes nimmt der sowjetische Friedhof ein. Die hier begrabenen Soldaten starben während der Bekämpfung der Flecktyphusepidemie in den ersten Wochen nach der Befreiung des Ghettos.

Die Gedenkstätte am Ufer der Eger

41

Das Denkmal befindet sich am westlichen Ufer der Eger, ungefähr 300 m nördlich der Brücke. Die aus dem Ghetto kommenden Besucher gehen vor der Brükke nach links, wer von der Kleinen Festung kommt, wende sich, nachdem er die Brücke überschritten habe, sogleich nach rechts.

Am Flußufer, dort, wo im November 1944 die Asche von etwa 20.000 toten Ghettoinsassen ins Wasser gestreut wurde, steht ein Denkmal. Die Versenkung der Asche sollte die Untaten der NS-Behörden im Ghetto verwischen. Im Norden ist die Kreisstadt Leitmeritz zu sehen.

Stilisierte Urne am Ufer der Eger

Dritter Teil

Die Kleine Festung

Die Kleine Festung

Eingangsschild zur Kleinen Festung (Malá pevnost)

Nachdem man Theresienstadt, die Brücke und das Eingangstor der Kleinen Festung hinter sich gelassen hat, sieht man auf der anderen Seite des rechts gelegenen „Verwaltungshofes" ein Tor mit der Aufschrift „Arbeit macht frei", ein Satz, der in nahezu allen von den NS-Behörden errichteten Konzentrationslagern über dem Eingang angebracht war.

Ein Rundgang durch die Kleine Festung führt von den Zellen der Gefangenen zur Folterkammer bis an die durch einen unterirdischen Gang erreichbare Hinrichtungsstätte. Außerdem gibt es verschiedene kleinere Ausstellungen auf dem Areal des ehemaligen Gefängnisses. Will man sich in Ruhe an diesem Platz umsehen, alle Ausstellungen und Filme betrachten sowie an einer fachkundigen Führung teilnehmen, sollte man für die Besichtigung der Kleinen Festung auf der Anhöhe gut einen Tag einplanen.

Das Tor zwischen Verwaltungs- und erstem Gefängnishof

Geschichte

Alexandros Ypsilanti

Die Kleine Festung bildet einen Teil der im 18. Jahrhundert erbauten befestigten Siedlung Theresienstadt. Seit jeher wurde diese Festung als Gefängnis genutzt, anfangs nur für Soldaten, später auch für Zivilisten verschiedener Nationalität aus Mittel- und Südeuropa, die als Staatsfeinde eingeschätzt wurden. Unter anderem saßen hier Alexandros Ypsilanti, der Führer des griechischen Aufstandes gegen die türkischen Besatzer, der ungarische Revolutionär Sandor Rozsa, der bosnische Revolutionär Hadzi Lojo Vilajetovic sowie der bereits erwähnte Attentäter Gavrilo Princip.

Nach der Besetzung Böhmens und Mährens durch die Wehrmacht im März 1939 wurde dieser Ort zu einem Gefängnis der Gestapo. Im Juni 1940 kamen die ersten Häftlinge hierher, und bis zum Kriegsende durchschritten 32.000 Gefangene, darunter 5.000 Frauen, das Tor der Kleinen Festung. Die meisten Häftlinge waren Tschechen, doch auch Polen, Russen, Deutsche und Jugoslawen mußten in den Steinverliesen leiden. Den jüdischen Häftlingen wurde in der Kleinen Festung das Überleben besonders schwer gemacht.

Gavrilo Princip

Die meisten der Inhaftierten waren Angehörige der Widerstandsbewegungen gegen die NS-Herrschaft. Für fast alle wurde die Kleine Festung zur Durchgangsstation in andere Konzentrationslager. Durch die unmenschlichen Bedingungen, die grausame Folter und die Hinrichtungen fanden in der Kleinen Festung ungefähr 2.600 Häftlinge den Tod.

Von 1945 bis 1948 wurden in der Kleinen Festung Tausende Deutsche, auch viele Frauen und Kinder, unter katastrophalen Bedingungen festgehalten; viele kamen dabei ums Leben.

Die Kleine Festung und das Ghetto

Die Kleine Festung bildete eine eigene Verwaltungseinheit, die mit dem Alltagsleben im Ghetto wenig zu tun hatte. Dennoch gab es einige Beziehungen zwischen den beiden Orten.

Das einem Konzentrationslager vergleichbare Gefängnis vor den Toren der Stadt bedeutete eine stete Bedrohung für die Insassen des Ghettos. Etwa 300 Ghettohäftlinge, die aus verschiedenen Gründen der Gestapo übergeben wurden, kamen in die Kleine Festung und „verschwanden" spurlos. Manchmal waren kleinere, manchmal größere Übertretungen die Ursache zur Überführung in die Kleine Festung – einige Zigaretten, die bei jemandem gefunden wurden, ein Arzt und eine Krankenschwester, die einen Ghettobewohner vor den Transporten „nach Osten" versteckt hatten, und ähnliches. Auch einige tschechische Gendarmen, welche Häftlingen aus dem Ghetto irgendwie geholfen hatten, gerieten in den berüchtigten Mauern in Gefangenschaft.

Bekannter ist der Fall jener Gruppe von Malern – Bedřich Fritta, Leo Haas, Otto Ungar, Felix Bloch und andere –, die samt ihren Familien unter Anschuldigung der „Greuelpropaganda gegen das Reich" in die Kleine Festung überführt wurden; unter ihnen befand sich auch Tomáš, Frittas dreijähriger Sohn. Ohne Unterschied wurden alle schwerer Folter ausgesetzt. Ungar wurde hier die rechte Hand abgehackt, um ihn für immer am Malen zu hindern. Einige der Insassen kamen dann nach Auschwitz, andere blieben in der Kleinen Festung und fanden hier den Tod. Auch der Judenälteste, Dr. Paul Eppstein wurde September 1944 plötzlich in die Kleine Festung überführt und sogleich hingerichtet.

Die in der Kleinen Festung ermordeten wurden im Krematorium des Ghettos Theresienstadt eingeäschert.

Leo Haas: Befehl

Rundgang durch die Kleine Festung

Davidstern auf dem Nationalfriedhof

Der Nationalfriedhof 42

[Národní hřbitov]

Vor dem Eingang zur Kleinen Festung liegt der Nationalfriedhof. Zwischen 1945 und 1958 wurden hier die sterblichen Überreste der Opfer aus der Kleinen Festung, aus dem Ghetto Theresienstadt sowie aus den Lagern Leitmeritz und Lobositz in Einzelgräbern oder einem der fünf Massengräber beigesetzt. Im Jahr 1975 und 1992 wurde der Friedhof umgestaltet, heute steht dort ein stilisierter Davidstern für die jüdischen Toten, ein Kreuz mit Dornenkranz für die Christen.

Das Eingangstor 43

Man betritt die Kleine Festung durch das Westtor. An der linken Seite ist eine ständige Ausstellung über die Geschichte Theresienstadts von der Gründung bis 1939 eingerichtet.

Die Gebäude der Kleinen Festung sind alle niedrig und in langen Zeilen angeordnet, die freien Flächen dazwischen werden als „Höfe“ bezeichnet. Man zählte vier Gefängnishöfe, jeder von ihnen unterstand einer eigenen Leitung.

Der Sanitätsraum der SS 44

Das erste Gebäude rechter Hand, nachdem man die Festung durch das Haupttor betreten hat, diente der medizinischen Versorgung der SS-Bediensteten.

Das Kasino der SS 45

Im Bau gegenüber, das bereits den Eingang zum dritten Gefängnishof bildet, war der Aufenthalts- und Speiseraum der SS-Angehörigen untergebracht.

Der dritte Gefängnishof 46

Gleich rechts sieht man in den dritten Gefängnishof, auch „Frauenhof“ genannt, da er ab Juni 1942 als Frauentrakt diente. Die Gefangenen waren in Einzel- oder Gemeinschaftszellen interniert und mußten in den Werkstätten des Hofes, z.B. der Nähstube, Arbeitsdienst leisten. Auf einer Tafel bei den Zellen 24–26 kommt eine Insassin zu Wort:

„Den Menschen genügt meistens nicht, zu erfahren, was wirklich war; die Menschen verstehen nicht, daß nicht der körperliche Schmerz, sondern die mit Füßen getretene Menschlichkeit das Schlimmste war, was wir mitgemacht haben.
Sie haben uns unsere Menschenwürde genommen, und wir erfuhren nur das Feuer des Hasses – dies alles konnten wir nur deswegen ertragen, weil wir glaubten – glaubten an eine bessere Zukunft, und daß wir dort nicht vergeblich sitzen."

M. Poláková

1944 wurde hier vorübergehend der erste Arbeitstransport für das Konzentrationslager Leitmeritz einquartiert. Deshalb informiert in den Zellen 29 und 30 eine Dauerausstellung über die Jahre 1944 und 1945 in besagtem Konzentrationslager.

Der zweite Gefängnishof 47

Östlich hinter dem dritten liegt der zweite Gefängnishof. Er ist von Werkstätten umrahmt, in denen die Gefängnisinsassen ihren Arbeitsdienst versehen mußten.

Der Verwaltungshof 48

Links des Haupttores führt der Rundgang in den Verwaltungshof. Wie der Name verrät, waren hier das Büro des Gefängnisleiters, die Gefängnisregistratur und andere Kanzleien eingerichtet. Gefängnisvorsteher war bis Kriegsende Heinrich Jöckel. In der Kleiderkammer des Verwaltungshofes mußten die Häftlinge ihre Zivilkleidung abgeben und Uniformen

Blick in den Verwaltungshof, am Ende das Tor zum ersten Gefängnishof

anlegen, im Wachhaus wurden Gefangene verhört und die Post zensiert. Vom Verwaltungshof aus führt ein Torbogen mit der Aufschrift „Arbeit macht frei" in den ersten Gefängnishof. Dieses Motto stand zwar über vielen Konzentrationslagern, für ein Gestapogefängnis war es allerdings eher ungewöhnlich.

Der erste Gefängnishof 49

Der erste Hof ist in die Blöcke A und B unterteilt. Hier fanden die regelmäßigen Zählappelle statt. Gleich beim Durchgang hatte der Leiter des ersten Hofes sein Büro. Die Gestapo nutzte bereits bestehende Arrestzellen in den Kasematten als 17 Gemeinschafts- und 20 Einzelzellen. Zeitweise wurden hier bis zu 1.500 Personen gefangengehalten, zum Teil 100 in einem Raum. In Gemeinschaftszelle Nr. 1 waren vorwiegend russische, in den Zellen 2 und 3 jüdische Häftlinge eingesperrt. An einer dieser Zellen erinnert eine Gedenktafel der israelischen Botschaft an das Schicksal der mehr als 1.500 Juden, die in der Kleinen Festung inhaftiert waren: Etwa 500 von ihnen wurden hier umgebracht, die meisten anderen kamen nach der Deportation in Vernichtungslager um. Wer im ersten Hof in Einzelhaft kam, den erwartete meist das Todesurteil, oder ihm wurden aus anderen Gründen verschärfte Bedingungen zugemutet. In Einzelzelle Nummer 1 befand sich ein besonders

Zugang zu den Kasematten im ersten Hof

Die Zelle Gavrilo Princips

prominenter Insasse: Hier saß Gavrilo Princip ein, dessen Attentat auf den österreichischen Thronfolger Franz Ferdinand d'Este den Ersten Weltkrieg auslöste. Ebenfalls in einer dieser Zellen war vom 17. August 1823 bis 25. November 1827 der griechische Freiheitskämpfer Alexandros K. Ypsilanti mit seinen Gefährten eingesperrt.

Viele der Funktionsräume tragen über der Eingangstür noch die Beschriftung, so daß gleich ersichtlich ist, welchem Zweck sie dienten. Im ersten Hof befand sich die Bade- und Entlausungsanstalt, in der man noch Waschgelegenheiten und einen Dampfofen sehen kann, außerdem ein Krankenzimmer, in dem inhaftierte Ärzte ihre Mithäftlinge versorgten, ein Sanitätsraum, eine Küche sowie ein Proviantlager. Nachdem sich auch in der Kleinen Festung eine Delegation des Roten Kreuzes angekündigt hatte, wurde hier 1944 eine „Musterfrisierstube" eingerichtet, die vorbildlich den hygienischen Anforderungen entsprach.

Man verläßt den ersten Hof durch einen schmalen Durchgang und gelangt auf einen kleinen Platz.

Das Krankenrevier **50**

An diesem Platz liegen die ehemaligen Krankenreviere sowie die Leichenkammer, in der die Toten bis zur Einäscherung aufbewahrt wurden. Auch in der Kleinen Festung grassierte gegen Ende des Krieges eine dramatische Typhusepidemie.

Im Jahr 1944 wurde der Frauentrakt in das Gebäude des Krankenrevieres verlegt. Schautafeln erinnern an die Insassin Milada Horáková: Die Juristin und Politikerin war in der Kleinen Festung inhaftiert, da sie sich im Widerstand gegen die NS-Besatzung engagiert hatte. Sie wurde vor Gericht gestellt, konnte sich aber erfolgreich gegen ein Todesurteil verteidigen. Sie erlebte das Kriegsende in einem Gefängnis nahe bei München. Auch nach dem Krieg blieb Milada Horáková politisch aktiv, nun protestierte sie öffentlich gegen die Machtübernahme der Kommunisten. Im Jahr 1949 wurde sie erneut verhaftet und in einem Schauprozeß des Landesverrats und der Spionage angeklagt. Sie wurde erneut zum Tode verurteilt, 1950 wurde das Urteil in Prag vollstreckt.

Auch des Prager Völkerkundlers Jaroslav Náprstek und des Juristen Oskar Sgall wird an dieser Stelle gedacht, beide sind hier im Krankenrevier der Kleinen Festung zu Tode gekommen.

Der Festungsgang 51

Der Rundgang führt durch einen unterirdischen Gang im Festungswall. Ursprünglich war der Gang als Verteidigungsring gedacht, um Angreifer aus einer geschützten Position heraus abwehren zu können. Diese Verbindung mit einer Länge von 500 m war allerdings nicht Teil des Gestapo-Gefängnisses.

Die Hinrichtungsstätte und das Massengrab 52

Was zunächst als Übungsschießstätte der Wachabteilung eingerichtet worden war, diente ab 1943 als Hinrichtungsstätte. Man kann hier noch den Galgen mit drei Kreuzen auf dem Boden sehen, die meisten Todesurteile wurden jedoch durch Erschießen vollstreckt. Man nimmt an, daß hier etwa 250 Exekutionen, häufig ohne Gerichtsurteil, vollzogen wurden. Noch am 2. Mai 1945 war der Ort Schauplatz einer Massenhinrichtung: An diesem Tag exekutierte man hier 52 Mitglieder verschiedener tschechischer Widerstandsbewegungen.

Beim Verlassen des Ortes sieht man auf der rechten Seite einen kleineren Hügel. Hier fand man nach Kriegsende ein Massengrab mit 601 Leichen. Mit ihrer Umbettung am 16. September 1945 hängt die Anlage des Nationalfriedhofes zusammen. Man verläßt den Platz durch das sogenannte „Todestor", das die Verurteilten durchschreiten mußten.

Das Bassin 53

Hinter dem „Todestor" sieht man links ein Bassin, das von Häftlingen erbaut wurde. Ursprünglich als Feuerlöschbecken gedacht, wurde es von den Familien des Wachpersonals als Schwimmbad benutzt.

Das Bassin im Innenhof

Das Kino der SS 54

Im Haus neben dem Schwimmbecken gibt es ein kleines Kino. Im damaligen Kino der SS werden kurze Dokumentarfilme zu Theresienstadt gezeigt. Alle Filme kann man als Videokassette im Museumsladen erwerben. Der angrenzende Raum steht wechselnden Ausstellungen zur Verfügung.

Gemeinschaftszelle im vierten Hof

Der vierte Gefängnishof 55

Geht man am Kinogebäude vorbei, erreicht man den vierten Hof, der erst 1943 zum Gefängnistrakt umgebaut wurde. In der einstmaligen Kanzlei der Leitung am Eingang des Hofes sind kleine Schalen mit Erde aus den verschiedenen Konzentrationslagern aufgestellt, in die Häftlinge der Kleinen Festung deportiert worden waren. Im vierten Hof herrschten die schlimmsten Bedingungen innerhalb der Kleinen Festung. Bis zu zehn Personen wurden in eine Einzelzelle gepfercht, 400 bis 600 in eine Gemeinschaftszelle. In Zelle Nr. 45 sperrte man Häftlinge, die hingerichtet werden sollten, so auch jene 52 Tschechen, die 1945 in besagter Massenhinrichtung exekutiert wurden.

Nachdem im März 1945 drei Insassen einen Fluchtversuch unternommen hatten, wurde im erhöhten Bereich des Hofes ein Flüchtling zusammen mit drei willkürlich ausgewählten Häftlingen zur Abschreckung hingerichtet. Die zwei anderen Flüchtenden wurden auf Befehl gesteinigt.

Blick in den vierten Hof

Das „Herrenhaus"

Heute dient eine Zelle Wechselausstellungen, eine weitere beherbergt die Dauerausstellung „Internierungslager für Deutsche. Die Kleine Festung 1945–1948".

Das Prager Tor **56**

Das Prager Tor liegt im Süden der Kleinen Festung und war zunächst ihr Haupttor. Als 1935 eine Umgehungsstraße angelegt wurde, die nördlich an der Festung vorbeiführt, verlor das Tor seine Funktion.

Das „Herrenhaus" **57**

Im zentral gelegenen, sogenannten „Herrenhaus" wohnten die Aufseher mit ihren Familien sowie der Gefängnisvorsteher. Das Haus ist nicht zu besichtigen.

Das Museum **58**

Auf der Südseite, dem „Herrenhaus" gegenüber, liegt der ehemalige Kleine Offizierspavillon, der seit 1784 als Kaserne diente. Ab 1939 war er mit etwa 120 Wachleuten der SS besetzt.

Heute befindet sich hier das Museum der Kleinen Festung Theresienstadt. Die Ausstellung im Erdgeschoß thematisiert die Jahre 1940–1945. Im Obergeschoß zeigt eine Galerie Kunstwerke ehemaliger Gefängnisinsassen.

Öffnungszeiten der Kleinen Festung:

20. Oktober–März	8.00–16.30 Uhr
April	8.00–17.00 Uhr
Mai–September	8.00–18.00 Uhr
1.–19. Oktober	8.00–17.00 Uhr

Alle Einrichtungen sind vom 24. bis 26.12. sowie am 1.1. geschlossen.

Über die Autoren

Dr. Jehuda Huppert wurde im Jahre 1928 in der Industriestadt Mährisch-Ostrau geboren. Er wuchs in einer traditionell-frommen jüdischen Familie auf und hatte eine verhältnismäßig ruhige Jugend – bis zum Einmarsch der deutschen Truppen in die Tschechoslowakei im März 1939. Im Januar 1942 wurde er mit der ganzen Familie – Eltern, Schwester und Bruder – ins Ghetto Theresienstadt deportiert. Bis zu seiner Deportation nach Auschwitz im September 1944 lebte er im Kinderheim L 417. Die Eltern folgten ihm zwei Wochen später nach Auschwitz und kamen dort um. Jehuda Huppert wurde schließlich zur Zwangsarbeit in eine Waffenfabrik in Taucha bei Leipzig überführt, wo er bis zur Befreiung im April 1945 arbeitete. Dann kehrte er in die Tschechoslowakei zurück, beendete dort das Gymnasium und begann, an der Karlsuniversität Medizin zu studieren. Nach einiger Zeit schloß sich Huppert einer zionistischen Jugendbewegung an, unterbrach das Studium und ging im Mai 1949 nach Israel. Hier fand er Aufnahme im Kibbuz Hahotrim. Schließlich promovierte er an der Universität Bath in England zum Doktor der Pädagogik und wirkte als Dozent in dem der Universität von Haifa angegliederten pädagogischen Seminar „Oranim". Dr. Jehuda Huppert starb am 31. Juli 2000.

Hana Drori (geb. Pollaková) wurde am 4. November 1931 in Prag geboren, ihre Kinderjahre verbrachte sie jedoch auf einem Gut ihrer Familie in dem nahen Dorf Olbramovice. Nach der Okkupation der Tschechoslowakei durch die Deutsche Wehrmacht wurde die Familie von ihrem Gut vertrieben und übersiedelte nach Prag. Da dort keine Wohnung zur Verfügung stand, lebte das Mädchen abwechselnd bei verschiedenen Tanten, bis zum Juli 1942, als Hana Pollaková ins Ghetto Theresienstadt verschickt wurde, wo sie bis Oktober 1944 im tschechischen Mädchenheim L 410 wohnte. Aus dem Ghetto wurde sie schließlich nach Auschwitz deportiert und von dort nach Deutschland in ein Arbeitslager verschickt. Als Zwangsarbeiterin stellte sie in einer Fabrik Patronenhülsen her. Als sich im April 1945 Einheiten der amerikanischen Armee dem Zwangsarbeiterlager näherten, verlud man die Gefangenen in offene Eisenbahnwagen, die nach einer Woche wieder das Ghetto Theresienstadt erreichten, wo bald darauf die russische Armee eintraf. Wieder in Prag, wartete die junge Frau vergeblich auf die Rückkehr ihrer Familie. Bis 1949 studierte sie auf einem Prager Gymnasium, dann schloß sie sich einer jüdischen Jugendgruppe an und kam mit ihr nach Israel in den Kibbuz Hahotrim. Dort lebt die Autorin bis heute.

Danksagungen

Der *Wegweiser* wäre nicht ohne die freundliche Hilfe der folgenden Institutionen und Personen zustande gekommen, und so danken wir: dem Sekretariat des Kibbuz Hahotrim für seine finanzielle Unterstützung und dessen Sekretär Zeev Utitz für die fachliche Hilfe; der Leitung der Theresienstadt Martyrs Remembrance Association und allen dortigen Mitarbeitern; Frau Mgr. Ludmila Chládková von der pädagogischen Abteilung des Památník Terezín; Herrn Karel Rožec für seinen wichtigen Beistand an Ort und Stelle und unserem Freund Dan Weinstein für die wortgetreue Übersetzung und die große kameradschaftliche Hilfe bei der Herausgabe dieses Buches. Herrn Dr. Avraham Harel gebührt unser besonderer Dank für seinen unermüdlichen Beistand, fachlichen Rat und die moralische Unterstützung bei der Arbeit an diesem Buch.

Quellennachweis

Adler, Hans Günther: Theresienstadt 1941–1945. Das Antlitz einer Zwangsgemeinschaft. Mohr, Tübingen 1955.
Barzel, Neima/Ben-Zeev, Avinoam: Lihjot be Terezín. Bejt Terezín, Oranim 1992.
Blodig, Vojtěch: Das Ghetto-Museum Theresienstadt. Památník Terezín, Terezín 1991.
Bondy, Ruth: Elder of the Jews – Jakob Edelstein of Theresienstadt. Grove Press, New York 1989.
Redlich, Egon: Chajim keilu. Joman mehagetto Theresienstadt (1942–1944). Hakibbuz Hameuchad, Tel Aviv 1994.
Chládková, Ludmila: Děti z Terezína. Památník Terezín, Terezín 1989.
Chládková, Ludmila: Ghetto Theresienstadt. Naše vojsko, Praha 1991.
Drori, Hana: Ima jekara, lu hajiti mesaper lach ... Anet, Tel Aviv 1986.
Green, Gerald: The Artists of Terezín. Schocken Books, New York 1978.
Huppert, Sharon: Children's Homes in Ghetto Theresienstadt (1941–1945). A Multimedia Program. Kibbutz Hahotrim, Tel Aviv 1997.
Karas, Joza: Music in Terezín 1944–1945. Pendragon Press, New York 1990.
Keren, Nili: Resisej jaldut. Hakibbuz Hameuchad, Tel Aviv 1993.
Křížková, Marie Rút/Kotouč, Kurt Jiří/Ornest, Zdeněk: We Are Children Just the Same: Vedem, the Secret Magazine of the Boys of Terezín. Jewish Publication Society, Philadelphia 1994.
Löwental, Eli: Hitnagdud lelo neschek Kerach II krasa, Bejt Terezín, Oranim 1989.
Makarová, Elena: From Bauhaus to Terezín. Friedl Dicker-Brandeis and Her Pupils. Yad Vashem, Jerusalem 1990.
Makarová, Elena/Keshman, Lea/Haas, Leo/Rosenberg, Goran: Theresienstadt: Culture and Barbarism. Carlsson, Stockholm 1995.
Schönová, Vlasta: Chtěla jsem být herečkou. Ivo Železný, Praha 1993.
Tarsi, Anita: Getto Theresienstadt 1941–1945. Tarbut wemisrad hachinuch & Bejt Terezín, Jerusalem 1995.
Volavková, Hana (Hg.): Hier fliegen keine Schmetterlinge: Kinderzeichnungen und Gedichte aus Theresienstadt 1942–1944. Jugenddienst-Verlag, Wuppertal 1965.
Weissová, Helga: Zeichne, was Du siehst. Zeichnungen eines Kindes aus Theresienstadt. Wallstein Verlag, Göttingen 1998.

Urhebernachweis

Diese dritte Auflage wurde durch Texte erweitert, die nicht von den Autoren selbst stammen. Die Zeitleiste wurde um relevante Daten ergänzt. Im ersten Teil zum Leben im Ghetto wurden erläuternde Randnotizen eingefügt, und durch Umstellen von Textteilen kamen die Kapitel *Krankheit und Alter* und *Religiöses Leben* zustande. Im zweiten Teil fanden neu die Stationen Nr. 2, 5, 7, 10, 11, 17, 18, 21–24, 26, 27, 29 und 32 Aufnahme in dem Rundgang; alle Artikel wurden um Hinweise zur Funktion der Gebäude vor 1941 und nach 1945 vervollständigt. Gänzlich neu ist auch der Rundgang durch die Kleine Festung im dritten Teil.

Abbildungsnachweis

Der Verlag und die Autoren danken folgenden Rechteinhabern für die freundliche Erteilung der Abdruckgenehmigung der Abbildungen auf den Seiten:
13, 21, 26, 28, 33, 58, 84, 99 Bejt Terezín, Givat Haim Ichud, Israel
27, 35, 38, 50, 52 Jüdisches Museum Prag, Praha, Tschechische Republik
80 Eva Landová
37, 39 Helga Weissová
40, 42, 45, 46, 54 oben, 55, 56 Památník Terezín, Theresienstadt, Tschechische Republik
47, 49 Tomáš Fritta-Haas
65 Jehuda Bacon
23, 72 Alfred Kantor
31, 108 Leo Haas
92 Yad Vashem, Jerusalem, Israel
90 Gerald Green
Die übrigen Abbildungen entstammen dem Bildarchiv des Vitalis Verlages.

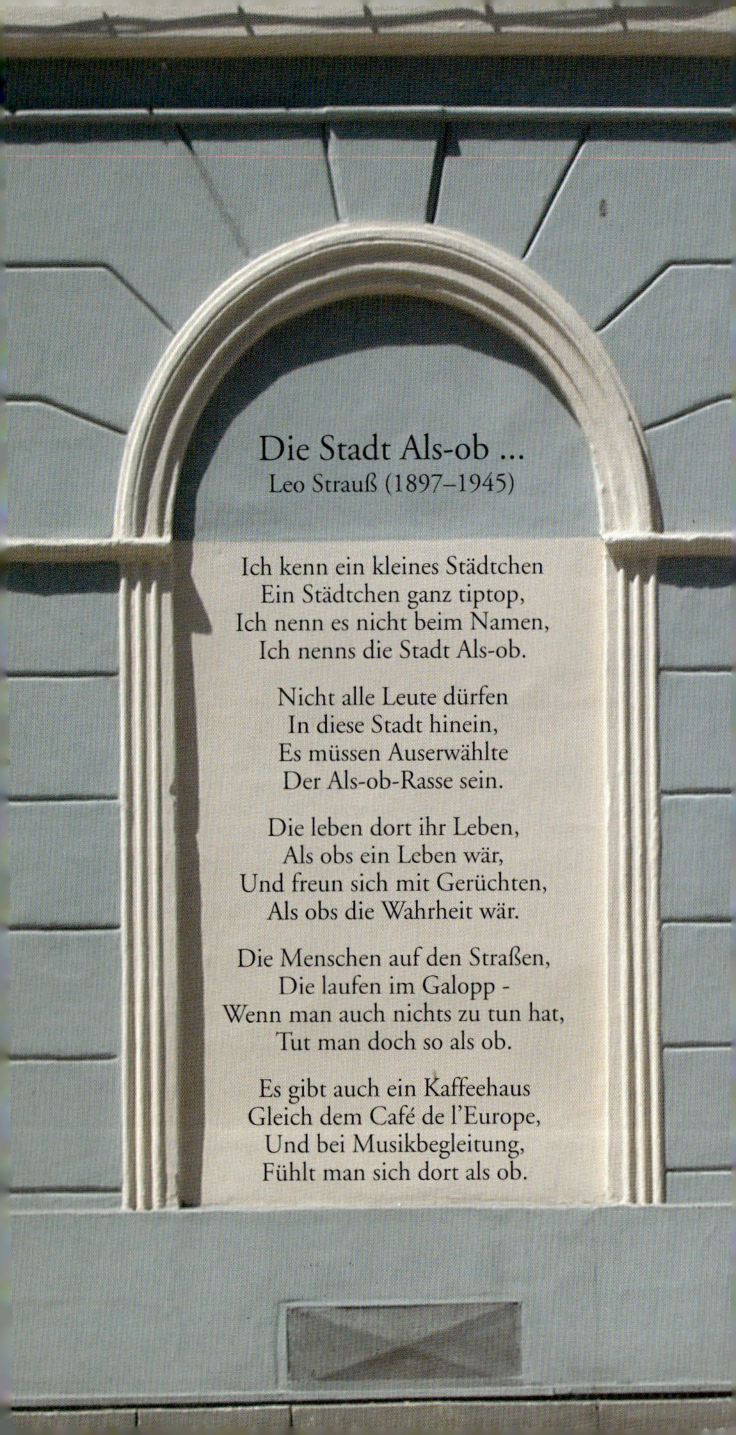
Die Stadt Als-ob ...
Leo Strauß (1897–1945)
Ich kenn ein kleines Städtchen
Ein Städtchen ganz tiptop,
Ich nenn es nicht beim Namen,
Ich nenns die Stadt Als-ob.
Nicht alle Leute dürfen
In diese Stadt hinein,
Es müssen Auserwählte
Der Als-ob-Rasse sein.
Die leben dort ihr Leben,
Als obs ein Leben wär,
Und freun sich mit Gerüchten,
Als obs die Wahrheit wär.
Die Menschen auf den Straßen,
Die laufen im Galopp -
Wenn man auch nichts zu tun hat,
Tut man doch so als ob.
Es gibt auch ein Kaffeehaus
Gleich dem Café de l'Europe,
Und bei Musikbegleitung,
Fühlt man sich dort als ob.

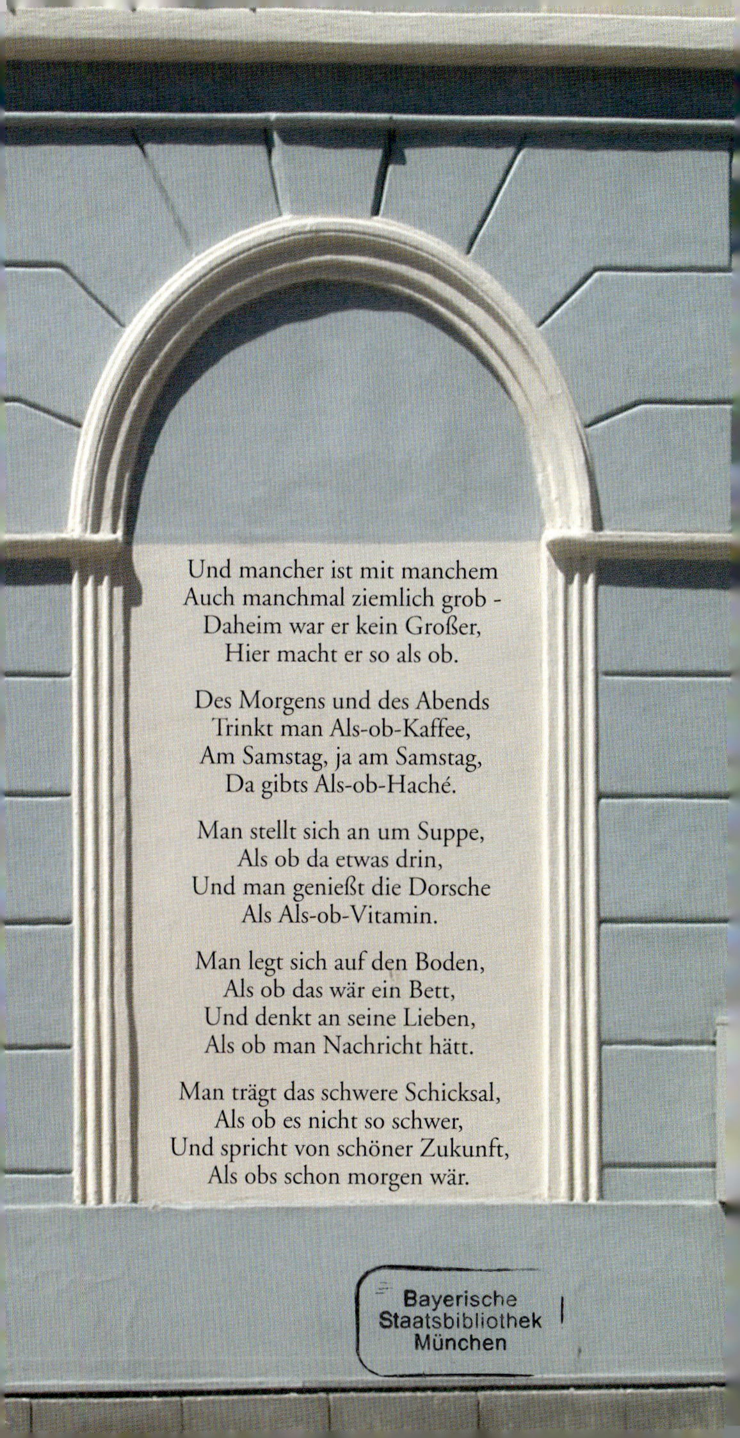
Und mancher ist mit manchem
Auch manchmal ziemlich grob -
Daheim war er kein Großer,
Hier macht er so als ob.

Des Morgens und des Abends
Trinkt man Als-ob-Kaffee,
Am Samstag, ja am Samstag,
Da gibts Als-ob-Haché.

Man stellt sich an um Suppe,
Als ob da etwas drin,
Und man genießt die Dorsche
Als Als-ob-Vitamin.

Man legt sich auf den Boden,
Als ob das wär ein Bett,
Und denkt an seine Lieben,
Als ob man Nachricht hätt.

Man trägt das schwere Schicksal,
Als ob es nicht so schwer,
Und spricht von schöner Zukunft,
Als obs schon morgen wär.

Die Kleine Festung
(Malá pevnost)

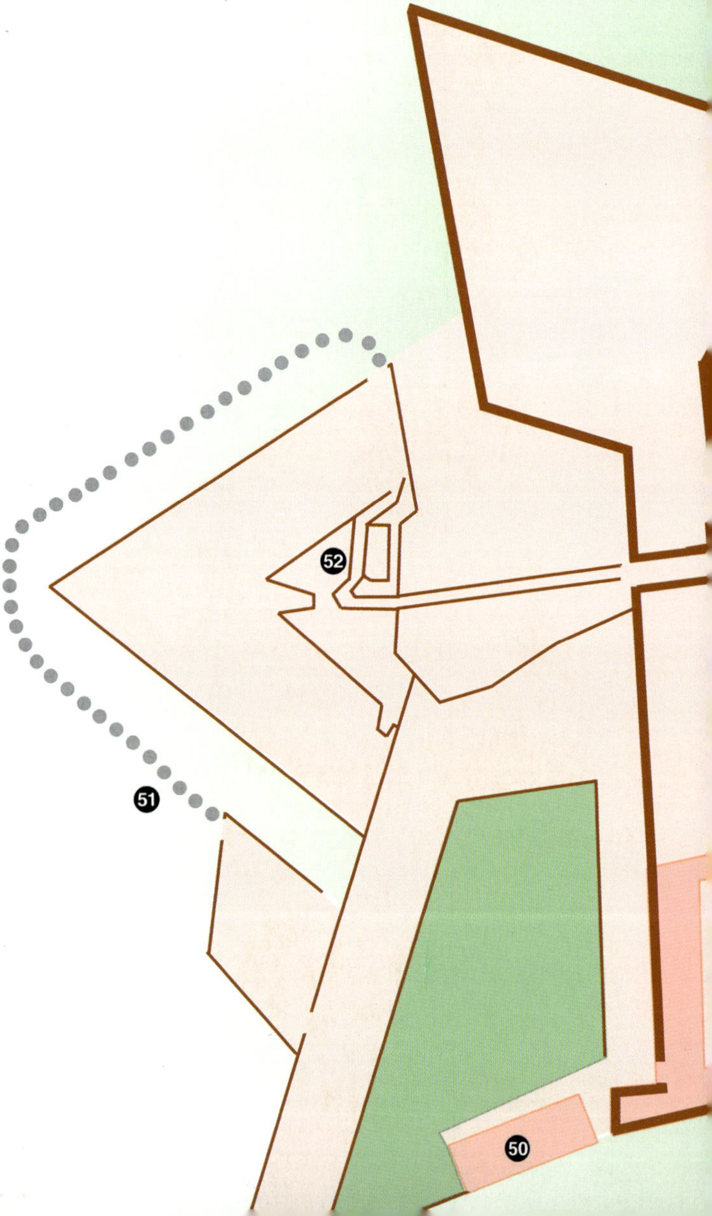